쉽고 실생활에 바로 적용되는

하룻밤 경영학

하룻밤 경영학

초판 1쇄 발행일 2020년 6월 15일
초판 2쇄 발행일 2021년 8월 20일

지은이 이원희
펴낸이 양옥매
교　정 조준경
디자인 임흥순 송다희

펴낸곳 도서출판 책과나무
출판등록 제2012-000376
주소 서울특별시 마포구 방울내로 79 이노빌딩 302호
대표전화 02.372.1537　**팩스** 02.372.1538
이메일 booknamu2007@naver.com
홈페이지 www.booknamu.com
ISBN 979-11-5776-909-4 (03320)

이 도서의 국립중앙도서관 출판예정도서목록(CIP)은
서지정보유통지원시스템 홈페이지(http://seoji.nl.go.kr)와
국가자료종합목록시스템(http://www.nl.go.kr/kolisnet)에서

쉽고 실생활에 바로 적용되는

하룻밤 경영학

이원희 지음

책과나무

들어가는 말

경영학 책은 두껍다. 어렵다. 경영학도가 아니라면 경영학 입문하기가 쉽지 않다. 그렇지만 경영학은 누구나 한 번쯤 해 보고 싶은 공부이기도 하다. 조직 생활을 하다 보면 자연스럽게 경영을 접하게 되지만, 좀 더 체계적으로 경영학을 알고 싶어 하는 사람들이 많다.

필자는 기업에서 30년을 근무하면서 2회에 걸쳐 최고 경영책임자인 CEO를 경험했다. 학부에서 사회학을 전공하고 기업에서 일하면서 경영을 체득했다. 석·박사를 하면서 경영학을 접하고 학생들에게 경영학 입문을 도와주는 강의까지 하게 되었다.

막상, 경영학을 공부하려고 생각했다가도 책의 두께에 그리고 어려운 용어에 질려 버리고 만다. 대부분의 용어들이 일본과 서구에서 온 경영이론을 번역한 것이라 그렇다. 그런 경영용어들은 기업경영을 더 효율적이고 효과적으로 하려는 과정에서 생겨났기 때문에 그 배경을 알게 되면 별게 아니란 걸 알게 된다.

얇지만 경영학의 전반적인 이론을 다루면서도 쉽고 재미있게 쓰려고 했다. 나에게는 기계항공학과와 정보통신학과를 나와 사회생활을 하는 아들 2명이 있다. 이들이 재미있게 읽고 이해될 수 있는 책을 만들려고 했다. 실제 이들이 읽어 보고 이해할 때까지 수정하고 또 수정했다.

마음만 먹으면 하룻밤 만에 읽을 수 있을 것이다. 지하철 3분 거리라는 분양 광고도 막상 가 보면 10분 정도 걸린다. 그렇지만, 뛰어가면 3분 만에도 갈 수 있다. 뒤가 궁금해서 한꺼번에 다 읽을 수 있을 것이다.

이 책을 집필한 목적은 비전공자가 경영학에 입문하도록 도와주기 위함이다. 또 하나는 이 책을 읽은 독자들로 하여금 TV나 인터넷에 나오는 기업 뉴스가 좀 더 쉽게 들리고 보이게 하기 위함이다. 사회생활을 하다 보면 저절로 익혀지는 부분도 있지만 좀 더 빨리 체계적으로 경영이론을 익히도록 도와주고 싶었다.

이 책을 위해 도와주신 분들이 있다. 경영학 강의와 인연을 맺고 지금까지 학생들과 경영학으로 대화할 수 있는 여건을 만들어 주신 차의과학대학교 서재원 부총장님, 학생들의 진로를 도우며 학생들과 호흡하며 연구할 수 있도록 해 주신 대진대학교 이면재 총장님, 그리고 인사 부분과 재무 부분과 마케팅 부분에 검토와 조언을 더한 송일한 님과 이문두 님, 이한용 님, 이번 책을 위해 기꺼이 실험 대상자 역할을 자청한 현명 부부, 솨혁 부부 두 아들 내외와 삶의 연륜이 더할수록 더욱 힘과 에너지가 되고 있는 아내 정은숙에게 감사의 말씀을 전한다.

2020년 6월

대진대학교에서 이원희

목차

4부   인사가 만사

5부   열심히 NO, 경영전략

9부   마치기 전, 경영이란?

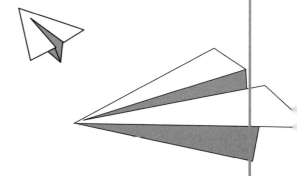

1부

회사야 놀자!

"축! 개업!"

이제 여러분이 사업을 시작한다고 생각하고 다음 사항을 가정해 보자. 사업을 시작하려고 마음먹었다면 먼저 개인 사업을 할 것인지 법인 사업을 할 것인지를 결정해야 한다. 개인 사업을 하는 사람을 개인사업자라 하고 개인사업자가 바로 그 회사를 대표한다. 개인사업자는 회사와 운명을 같이한다. 회사가 망하면 개인도 망한다.

반면, 법인 사업은 법인 이름으로 사업을 하는데 여기서 법인(法人)[1]은 법으로 만들어진 사람이란 의미다. 법인사업자는 여러 명이 함께 회사를 만들 수 있으므로 누군가가 그 회사를 대표해야 한다. 그 사람이 대표이사가 되고, 법인사업자는 법인은 망해도 개인은 자신이 회사 설립할 때 투자한 밑천만 손해 보면 된다.

그러면 다음과 같이 법인을 만들어 보자. 당신이 형과 함께 1억 원씩 투자해서 사업 밑천을 마련하여 목 좋은 곳에 점포를 임대하고, 닭 튀기는 기계를 구입한 뒤, 닭, 맥주, 소스, 식용유 등 원료의 공급업체를 확보한 다음 2명을 채용해서 0000년 1월 1일부터 맛나치킨㈜을 시작했다. 형은 사업에 관여하지 않고 바쁠 때에만 도와주기로 했다. 나중에 사업이 잘되어 점포를 넓히고 최신 기계를 도입하기 위해 은행으로부터 1억 원을 빌렸다.

사업을 하려면 밑천이 있어야 한다. 맛나치킨㈜의 사업 밑천은 자신이 낸 1억에다 형의 1억을 더해 2억이다. 이 돈을 자본금이라 한다. 반

---

1 여기서의 법인은 법인의 대부분을 차지하는 주식회사라고 가정하였다.

면에 사업이 잘되어 사업을 확장하기 위해 은행으로부터 빌린 돈 1억도 사업 밑천으로 볼 수 있지만 자신의 돈이 아니다. 이렇게 빌려서 사업에 활용하는 돈은 부채라고 한다. 맛나치킨㈜은 자본금 2억과 부채 1억을 더해 총 3억으로 사업을 시작한 셈이다.

여기서 형과 내가 투입한 돈과 은행이 투입한 돈은 같은 돈이나 성격은 다르다. 형과 내가 돈을 투입한 자본금은 맛나치킨㈜이란 회사의 소유 권한 50%씩 나눠 갖는 것을 의미하는 돈이다. 이 돈에 대해서는 이자를 지급할 필요가 없다. 반면, 은행이 투입한 돈에 대해서는 맛나치킨㈜이 돈을 벌든 말든 그 돈에 대한 이자를 지급해야 한다.

이때 형과 나는 '주주'라 하고, 은행은 '채권자'라 한다. 주주(株主)는 회사(株)의 주(主)인이라는 의미고 형과 나는 맛나치킨㈜의 50%씩 주인이 된다. 반면 은행은 1억이나 투입했지만 회사 주인은 아니고 채권자라 한다. 채권자(債權者)는 돈을 꿔 주고 그 돈을 받을 권리가 있는 사람이라는 뜻이다. 반면, 맛나치킨㈜은 그 은행의 돈을 갚아야 하는 채무자(債務者)가 된다.

맛나치킨㈜은 '법인명'이 되고, 채용한 2명은 근로자, 직원 등의 명칭이 있지만 상법상으로는 '종업원'이라 한다. 그러면 나는 맛나치킨㈜의 사장일까, 대표이사일까? 법인은 법으로 만든 사람이므로 반드시 그 법인을 대표하는 생물적인 사람이 법원에 등록되어야 한다. 그래서 나는 법인의 '대표이사'가 된다. 그러면 사장은 뭘까? 사장은 그 회사의 직위 명칭이다. 회장, 사장, 부사장, 전무, 상무와 같은 호칭은 모두 그 회사에서 정한 직위 등급의 명칭이다. 맛나치킨㈜에서는 내가 대표이사이므로 내가 원하는 대로 직위 명칭을 붙이면 된다. 사장이라 해도 되고, 회장이라 해도 되고, 부장이라 해도 된다.

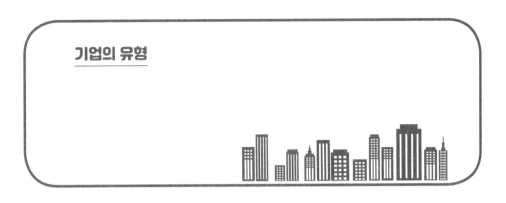

기업의 유형

먼저 기업의 정의부터 살펴보자. 기업은 사람과 자본이 결합하여 일정한 공간에서 제품이나 서비스를 생산하여 고객에게 팔아 수익을 남기는 조직을 말한다. 앞의 사례를 적용하면 기업(맛나치킨)은 사람(대표와 종업원)과 자본(2억)이 결합하여 일정한 공간(임대한 가게)에서 제품(치킨)을 생산하여 고객에게 팔아 수익을 남기는 조직이 된다. 여기서 기업을 설립하려면 온라인 사업을 하더라도 반드시 그 사업을 하는 공간이 있어야 한다는 것을 알 수 있다.

기업의 종류

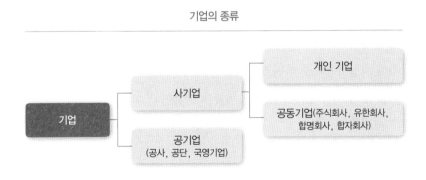

🔍 기업의 종류

다음은 기업의 종류에 대해서 알아보자. 기업은 사기업과 공기업으로 나뉘고, 다시 사기업은 개인기업과 공동기업으로 나뉜다. 공기업에는 공공의 목적으로 설립된 공단, 공사, 국영기업이 포함되고 사기업의 공동기업에는 주식회사, 유한회사, 유한책임회사, 합명회사, 합자회사가 있다. 이 다섯 종류는 회사는 법으로 정한 회사란 의미의 법인(法人)이라 하고 그 외는 개인기업(개인사업자)이라 한다.

그렇다면 개인사업자와 법인사업자 중 어떤 형태로 시작하는 게 좋을까? 그것은 회사 규모나 성격 등을 감안하여 다음의 장단점을 보고 판단해야 한다.

🔍 개인사업자

개인사업자는 사업 자금을 한 사람이 내고 사업 경영상의 이익과 손해를 혼자서 책임지는 회사 형태이다. 개인사업자는 법인사업자에 비해 창업이 쉽다. 절차가 간단하기 때문이다. 회사명(상호)을 정하고 사업 종류를 정한 다음 국세청 홈텍스에 접속하여 등록하고 주소지 세무서에 사업자등록을 하면 된다. 개인 회사이므로 기업 활동으로 인한 수익을 자기 마음대로 독점할 수 있다는 장점이 있다.

세금은 매출 규모에 따라 다르지만 과세표준[2]이 약 3,000만 원 미만 수준이면 개인사업자가 유리하다. 반면 규모가 커지면 법인에 비해 세금액도 높아지고 공신력도 떨어져 큰 규모의 사업을 하기 어려운 점이 있다. 게다가 손해를 보게 되면 개인이 무한책임을 져야 한다. 따라서 개인사업자는 소규모 회사나 가게, 식당, 온라인사업자 등에 적합하다. 우리나라 사업자의 85% 이상이 개인사업자이다.

법인사업자

다음은 네 종류[3]의 법인사업자(이하 '회사'라고 함)에 대해 알아보자. 복잡한 네 종류의 회사 중 우리가 알고 있는 회사의 90% 이상이 주식회사라고 보면 된다. 그런데 뉴스에서 가끔 나오는 유한회사, 합명회사, 합자회사란 생소한 이름의 법인도 있다.

법인 구분 기준

네 종류의 회사를 구분하는 기준은 회사에 필요한 자금을 어떻게 조

---

2   과세표준 : 세금 매길 때 기준이 되는 금액을 말한다. 소득 중에 비과세 소득이나 소득공제액을 제한 금액을 말한다.

3   네 종류 : 다섯 종류의 회사가 있으나 유한회사에 비해 경영행위를 간소화한 것 외에 별 차이가 없는 유한책임회사를 제외하고 네 종류의 회사에 대해서만 정리하였다.

달하는가와 회사가 손해가 났을 때 져야 할 책임 범위에 따른다. 회사에 필요한 자금을 일반인 누구로부터라도 조달할 수 있는 회사는 주식회사밖에 없다. 나머지는 모두 회사 운영에 필요한 자금을 회사 구성원들로부터 조달해야 한다. 그리고 회사가 손해가 났을 때 책임지는 정도에 따라, 자신이 가진 주식 수만큼만 책임지는 유한책임과 개인사업자처럼 무한대로 책임져야 하는 무한책임으로 나뉘는데, 주식회사와 유한회사는 유한책임, 합명회사는 무한책임, 합자회사는 유한책임과 무한책임이 섞여 있는 회사다.

법인 구분 기준

책임 \ 자금	일반 대중	제한된 사람
유한책임	주식회사	유한회사
무한책임		합명회사
유한+무한책임		합자회사

유한책임과 무한책임을 좀 더 설명하면, 유한(有限)은 한계가 있다는 의미이고, 무한(無限)은 한계가 없다는 의미다. 회사를 운영하기 위해 사업 자금에 해당하는 사업 밑천을 투입하고 사업을 하면서 은행에서 대출도 하고 외상으로 물품을 구입하기도 한다. 이렇게 하다가 사업이 잘 안되어 망하게 되면, 유한책임의 경우는 자신이 투입한 사업 밑천만 손해 보고 말지만, 무한책임은 개인사업자가 모든 책임을 지듯이 대출

금과 외상대금도 끝까지 갚아야 한다는 의미다.

다시 말하면, 여러분이 오늘 증권시장에서 K전자 주식 100주를 구입하면 그 회사의 주인이 되는데, K전자가 다음 날 망하게 된다 하더라도 K전자 100주만 날리는 것이지 K전자가 진 빚을 갚을 필요는 없기 때문에 유한책임을 진다고 하는 것이다. K전자는 주식회사이기 때문이다.

합명회사는 무한책임사원만으로 구성된 회사다. 합명(合命)은 목숨을 합한 회사란 의미니 죽어도 같이 죽고 살아도 같이 죽어야 하는 의미의 회사다. 회사의 채권자(회사에 돈을 받을 권리가 있는 단체 또는 사람)에 대해 직접 · 연대 · 무한 책임을 져야 한다. 어찌 보면 두 개 이상의 개인 사업자를 합쳐 놓은 회사로 보면 된다. 합명회사는 사원과 회사의 관계가 밀접하므로 신뢰 관계가 있는 소수인의 공동기업에 적합하다. 2명 이상의 변호사나 회계사가 합쳐서 만드는 법무법인나 회계법인에 많이 보이는 회사 형태다.

합자회사는 합자(合資), 즉 자금을 합쳤다는 의미다. 이 회사는 무한책임사원과 유한책임사원 각 1명 이상으로 구성되는 회사다. 무한책임사원은 합명회사의 사원과 같은 책임을 지지만, 유한책임사원은 채권자에 대해 자신이 출자한 범위 내에서만 책임을 진다. 회사의 경영은 책임이 더 큰 무한책임사원이 맡는다. 합자회사도 합명회사처럼 신용할 수 있는 사람끼리 모여 소규모 경영을 하는 데 적합한 회사이다. 택시회사처럼 자본금이 몇 억 안 되는 회사가 많이 가지고 있는 형태로 명진여객, 경남여객, 조선무약과 같은 회사가 합자회사다.

유한회사는 주식회사와 비슷한데 규모가 작은 주식회사로 보면 된다. 주식회사와 다른 점은 주식회사는 자신이 가진 주식을 마음대로 팔 수 있지만, 유한회사는 직원만 주식을 가질 수 있고 구성원들 간의 합의가 있어야 그 주식을 팔 수 있다는 점이다. 그래서 주식회사의 장점과 합명회사의 장점을 취한 회사로 볼 수 있다. 유한회사는 자금을 외부에서 끌어들일 수 없으므로 기업 현황을 외부에 공개할 의무가 없다. 다국적 기업의 국내 지사에서 많이 보이는 기업 구조다. 회사에 필요한 자금은 본사로부터 조달하므로 외부 자금이 필요 없다. 영문명으로 주식회사는 'Co.'로 표기되지만, 유한회사는 'LLC(Limited Liability Company)'라고 표기된다.

주식회사는 앞서 말한 바와 같이 우리가 아는 대부분의 회사가 갖는 형태다. 주식회사는 종업원이 자신의 회사에 투자할 필요가 없다. 처음 만들 때는 누군가 모여서 돈을 내고(출자(出資)라 한다) 시작하지만, 그다음부터 필요한 자금은 회사가 주식을 발행하고 그 회사 주식을 사는 사람으로부터 돈을 받아 회사를 운영한다. 그래서 주식의 매매에 따라 수시로 회사 주인이 바뀐다.

여러분이 오늘 삼성전자 주식 1주를 매입하면 그 시간부터 삼성전자의 아주 작은 주인이 된다. 다음 날 팔면 그 주식을 산 다른 사람으로 주인이 바뀌게 된다. 이렇게 시장에 내놓은 물건처럼 회사 주식이 거래되니 일반 대중으로부터 쉽게 자금을 모을 수 있다. 그래서 주식회사는 대규모의 조직으로 발전하기 쉽다.

앞서 설명한 네 종류의 회사를 정리하면 다음과 같다.

법인 유형별 특징

	주식회사	유한회사	합명회사	합자회사
규모	중대	중소	가족	가족
출자금	100원 이상	100원 이상	제한 없음	제한 없음
집행	이사회	이사회	사원	무한책임사원
의결	주주총회	사원총회	사원총회	사원총회
책임	주식만큼 책임 / 회사 채권자에 직접 책임 없음	출자액 한도로 책임	채권자에 대해 직접 · 연대 · 무한 책임	무한책임사원 (합명회사와 같음) 유한책임사원 (본인 출자액 한도)
사례	대부분 기업	다국적기업 자회사	회계법인, 법무법인	경남여객, 조선무약

주식회사의 설립 절차

주식회사의 설립은 개인사업자의 회사 설립에 비해 상대적으로 복잡하기는 하지만 이전에 비해서는 많이 간소해졌다. 우선 자본금(사업 밑천)의 기준이 없어졌다. 100원만 있어도 설립할 수 있게 되었고, 설립 인원도 자본금이 10억 미만이면 대표 1인[1]만 있어도 설립할 수 있으며, 온라인으로도 설립할 수 있게 되었다.

우선 발기인(發起人)을 구성해야 하는데, 발기인은 회사를 설립하고자 뜻을 같이하여 사업 밑천을 같이 내겠다는 사람들이다. 5명이 1억씩 출자(出資)하여 5억 자본금의 회사를 만든다면 5명은 발기인이 되고 회사의 지분(持分)은 20%씩 갖게 된다.

다음은 회사 이름(상호(商號))을 정하고 무엇(사업목적(事業目的))을 하는 회사를 만들지를 정해야 한다. 맛나치킨㈜은 상호가 맛나치킨㈜이고

---

1 주주 1명 이상, 이사 1명 이상으로 설립하지만, 주주와 이사가 같은 사람이 되어 1명으로도 설립 가능하다.

하룻밤 경영학

사업 목적은 기타음식점업이 된다.

다음은 발기인이 정관(定款)을 작성해야 한다. 정관은 정해 둔 규칙의 의미로 모임에서 회칙과 같은 것이다. 정관에는 회사의 상호, 설립 목적, 발행 주식 수와 같은 중요한 사항이 들어간다. 맛나치킨㈜이 음식업을 하다가 치킨과 함께 먹는 음료수 유통사업을 하려면 이 정관에 새로운 사업목적을 추가해야 가능하다.

정관 작성 후에는 주식발행사항을 결정한다. 5명이 1억씩 출자하여 5억의 자본금으로 시작하므로 5,000원권 주식 100,000주를 발행하게 된다. 만약, 500원권 주식으로 발행하면 1,000,000주를 발행하게 될 것이다(이때 주식의 액면가는 5,000원, 500원이 된다).

다음은 발기설립 또는 모집설립을 거치게 된다. 발기설립은 사업을 하기로 작정한 사람(발기한 사람)으로 회사를 설립하는 것인데, 앞의 예는 발기인 5명이 확정된 상태의 설립이므로 '발기설립'에 해당한다. 모집설립은 대규모의 자본 조달에 유리한 방식으로, 회사의 설립 취지에 동참하는 주주를 별도로 모집하는 절차를 거치고 그렇게 모집한 주주까지 포함하여 회사를 설립하는 것을 말한다.

다음은 서류를 구비하여 법원에 법인 설립 등기를 한다. 이로써 법인(法人), 즉 법적으로 인정한 사람인 법인이 탄생하는 것이다. 이때 사람의 인감처럼 법인에 사용할 인감도 만들어진다.

마지막으로 관할 세무서에 법인설립 신고를 하고 등록하면 모든 절차가 끝난다.

법인설립절차와 개인사업자와 비교해 보면 다음과 같다.

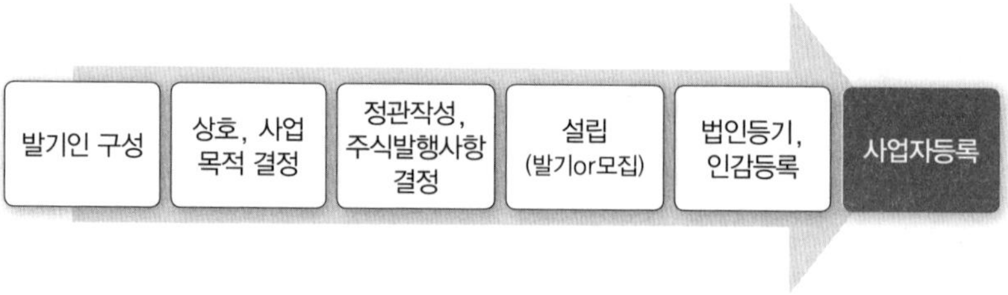

발기인 구성	상호, 사업 목적 결정	정관작성, 주식발행사항 결정	설립 (발기or모집)	법인등기, 인감등록	사업자등록

개인사업자와 법인사업자 비교

비교 항목	개인사업자	법인사업자
설립 절차 및 비용	세무서 등록신청	법원에 설립등기
법정 설립 자금	제한 없음	100원 이상
자금 조달	한계 있음	자금 조달 용이
세금	소득세	법인세
지속성	대표자 변경 시 폐업	대표자 변경 시에도 법인은 유지
회계 세무 처리	간단	복잡

하룻밤 경영학

주식회사 구성

주식회사는 어떤 조직들로 구성될까? 우리들이 조그만 동아리를 만들어 운영할 때도 조직이 필요한 것처럼 주식회사에도 꼭 갖추어야 하는 조직이 있다. 규모가 큰 일반인의 로터리클럽이나 라이온스클럽처럼 큰 동아리 조직을 운영한다고 생각하면서 필요한 조직을 생각해 보자.

먼저 동아리 회칙이 있어야 할 것이고, 동아리를 구성하는 회원이 있을 것이다. 그리고 그 회원들이 선출한 회장이 있고 그 회장을 보좌하는 총무부장, 회계부장, 섭외부장 등이 있는데, 이들을 보통 집행부라고 하며 일반적인 일들을 도맡아 처리한다. 그리고 회원 전체가 모여서 하는 회원총회가 있고, 감사를 별도로 정하여 동호회가 제대로 운영되었는지 감사를 한다. 회원 신분을 증명해 주는 회원증도 발급해서 운영한다.

이를 주식회사의 기구로 매칭해 보면 다음과 같다.

동아리 조직	주식회사 조직
회칙	정관
회원	주주
회장	대표이사
집행부	이사회
회원총회	주주총회
감사	감사
회원증	주식

회칙은 주식회사에서는 정관이라 한다. 회사에는 정관 외에도 규약, 규정 등을 두고 있지만 국가의 헌법처럼 가장 근간 규칙을 정해 놓은 것이 정관이다. 정관(定款)은 정해 둔 규칙이란 의미다.

회원은 주식회사에서는 주주다. 회원의 회원증은 주주가 가진 주식에 해당한다. 회사와 동호회의 가장 큰 차이가 여기에 있다. 동호회 회원은 의사결정 시에 모두 한 표씩 동등한 권리를 가지지만, 주식회사는 주식 수만큼의 의사결정권을 갖는다.

회장은 주식회사의 대표이사에 해당된다. 그리고 대표이사를 포함하여 주요 부서의 부장으로 구성된 집행부는 주식회사의 이사회에 해당한다. 이사회는 이사들의 회의체다. 회원총회는 주식회사의 주주총회에 해당하고, 감사는 주식회사에서도 감사라 한다.

주식회사와 동호회의 가장 큰 차이는 의사결정권을 가진 주식 수만큼 갖는 것이라고 했다. 그것 외에도 동호회는 회원 가운데 그 동호회를 운영하는 집행부가 선출되지만, 주식회사는 그 회사를 운영하는 이사회를 구성하는 이사들은 외부에서 영입할 수도 있으므로 주주가 아닐 수도 있다는 점이 다르다.

주식회사 3대 조직

주식회사는 회사의 주인인 주주들의 회의체인 주주총회, 주인이 회사 운영을 맡긴 이사회(대표이사 포함), 그리고 그 이사회의 운영을 감시하는 감사 이렇게 3체제로 구성되어 있다. 정리하면 주식회사의 3대 기구는 주주총회, 이사회, 감사가 된다.

🔍 주주총회와 주주

주주총회는 주주들이 모인 총회로 회사 주인들이 모인 최고 의사결정기구다. 1년에 한 번은 꼭 개최해야 한다. 여러분들이 삼성전자 주식 1주를 매입하여 가지고 있다면 주주로서 정기주주총회 때 주주로서 참석할 수 있는 권한이 생긴다. 그렇지만 약 60억 개의 주식 중 1주에 해당하므로 의사결정권은 없는 것이나 다름없다.

주주총회에서는 회사의 운영에 가장 중요한 사항을 결정한다. 회사 정관의 변경이나 회사의 해산, 합병 그리고 회사를 운영할 이사를 선임하는 등의 결정을 한다. 회사를 운영할 사람을 선정하거나 지금과 다른 사업을 한다거나 다른 회사와 합치거나 폐업을 할 때 회사의 주인인 주주들의 승인을 거치도록 한 것이다.

주주는 주식회사의 주인이다. 그 주식회사의 자본금에서 자신이 가지고 있는 비율만큼 주인이다. 예를 들어 삼성전자 주식 1,000만 주(5천억 상당)를 가지고 있다면 0.17% 주인이 되는(2019.12.31. 기준) 셈이다.

주주가 되는 방법은 주식을 취득하면 된다. 주식 시장에서 주식을 매입하는 순간 그 회사의 주인이 된다. 이렇게 주식을 매입하는 주체는 몇 가지로 분류된다. 여러분들처럼 직접 주식 시장에서 주식을 구입하는 사람을 '일반주주'라 한다. 일반주주는 금액 규모가 크지 않을 것이므로 소액주주라고도 하고 개미투자자로도 불린다.

다음으로 '기관투자가'가 있다. 기관주주인 셈인데, 은행이나 투자신탁회사와 같은 금융기관, 국민연금과 같은 법인이 주식에 투자하여 주주가 되는 것을 기관투자가라 한다. 이들은 투자 규모가 크기 때문에 큰손이라고 한다.

다음은 '외국인 투자가'로 말 그대로 외국인이 우리나라 주식을 소유하는 경우다. 국민회사로 알려져 있는 삼성전자의 경우도 이미 외국인의 주식 보유 비율이 50%를 넘은 것으로 나타난다. 대부분의 외국인들은 회사의 경영권을 가지려고 주식을 보유하기보다는 주식으로 돈을 벌려는 투자 목적이 더 많다. 에너지, 전기통신과 같은 국가 공공 성격의 기업에 대해서는 외국인 투자 비율을 제한하고 있다.

그리고 특별한 조건과 방법으로 회사의 종업원에게 자기 회사의 주식을 취득하게 해 주는 제도를 '우리사주제(ESO, Employee Stock Ownership Plan)' 또는 종업원지주제도라 한다. 종업원이 주식을 소유하는 것을 법적으로도 장려하고 있다. 이는 종업원이 회사 주식을 소유하게 되면 회사의 발전이 곧 자신의 주식 가치를 높이는 결과를 가져오므로 애사심이 증가하여 안정된 노사 관계를 유지하는 데 도움이 되기 때문이다.

🔍 이사회

이사회는 이사들이 모인 회의체다. '이사(理事)'는 주주들을 대신하여 회사를 경영하는 사람들이므로 주주총회에서 선임한다. 이사들 중에 대표가 되는 사람이 대표이사다. 회사의 업무 수행에 있어 최고결정회의체가 이사회라면 최고결정권자는 대표이사가 된다.

대표이사를 CEO 최고집행책임자라 한다. CEO의 지시를 받아 회사 각 분야의 업무를 책임지는 이사들이 있는데, 회사 생산과 영업 등 전반적인 회사 운영에 대한 책임자를 COO 최고운영책임자라 하고, 최고재무책임자는 CFO라 하는데 CFO는 회사에서 가장 중요한 돈의 흐름을 통제하는 사람이라 해서 Controller라고도 한다. 그리고 최고기술책임자는 CTO, 최고정보책임자는 CIO, 최고마케팅책임자는 CMO, 최고고객책임자는 CSO라고 한다. 이외에도 회사에 따라 지식책임자(CKO), 디자인책임자(CDO), 브랜드책임자(CBO), 전략책임자(CSO), 위험책임자(CRO) 등도 두고 있다.

회사 최고책임자 명칭

약칭	풀네임	뜻
CEO	Chief Executive Officer	최고집행책임자
COO	Chief Operating Officer	최고운영책임자
CFO	Chief Financial Officer	최고재무책임자
CKO	Chief Knowledge Officer	최고지식책임자
CTO	Chief Technology Officer	최고기술책임자
CIO	Chief Information Officer	최고정보책임자
CMO	Chief Marketing Officer	최고마케팅책임자
CSO	Chief Satisfaction Officer Chief Strategic Officer	최고고객책임자 최고전략책임자
CDO	Chief Design Officer	최고디자인책임자
CBO	Chief Brand Officer	최고브랜드책임자

이처럼 회사에서 운영하고 있는 최고책임자들은 모두 주주총회에서 선임된 이사들일까? 그렇지 않다. 주식회사에서 선임되는 이사들은 등기이사(등기임원)라 해서 공식적으로 법원에 등록되는 이사들이다. 회

하룻밤 경영학

사의 최고집행 기관인 이사회에 참석하는 사람은 등기이사이고 책임도 많기 때문에 고액 연봉을 받는 사람들이다.

회사에는 등기이사 외에도 상무, 전무, 부사장 등으로 불리는 사람들이 많이 있는데 이들을 비등기임원이라 한다. 이들은 주주총회에서 주주가 승인한 임원은 아니고 대표이사가 회사를 운영하면서 임명한 임원이다. 법원에 등기되지 않은 임원이라 해서 비등기임원이라 한다. 회사별로 등기임원은 몇 되지 않는다. 삼성전자와 같이 큰 회사도 등기임원은 10명 내외이고, 비등기임원은 1,000명 이상이 된다.

🔍 감사

감사(監事)는 주주가 이사회에 위탁한 회사의 경영을 감시하는 사람이다. 자본금 10억 미만의 소규모 회사에는 감사를 두지 않아도 된다. 10억 이상인 경우에는 반드시 감사를 둬야 하는데 주주총회에서 선출한다. 주식회사의 주인이 경영을 맡긴 이사회를 감독하는 사람인 감사를 선임하는 것이다.

감사에는 업무감사와 회계감사가 있다. 앞서 보았듯이 회사는 사람과 돈으로 이루어져 있다. 사람이 하는 일과 돈을 감사하라는 의미다. 그래서 감사는 주주들이 위임한 일과 영업을 잘하고 있는지를 살피는 직무를 감사하는 것과, 회사 재산 상태가 어떤지를 감사하는 것 그리고 이런 감사를 하다가 주주에게 보고할 일이 생기면 임시 주주총회를 소집하는 등의 권리를 갖는다.

회사 규모가 어느 정도 커지면 감사의 투명성을 높이기 위해 감사위원회를 두어야 한다. 기업은 자기 돈과 빌린 돈으로 운영하는데 둘을 합쳐 자산(資産)이라 한다. 자산이 2조 이상 된 대규모 상장법인이 감사위원회 설치 대상이다.

주식회사 의사결정 시스템

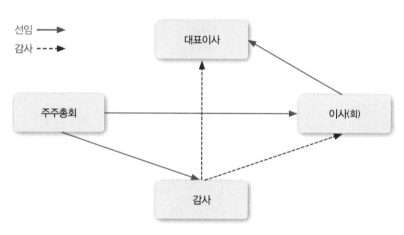

상장법인이란 주식 시장에서 회사의 주식을 거래할 수 있는 법인을 말하는데, 모든 주식회사가 주식 시장에서 주식을 거래할 수 있는 것은 아니다. 맛나치킨㈜을 설립했다 하더라도 바로 주식 시장에서 주식을 거래할 수 있는 것은 아니란 의미다. 주식 시장에서 주식이 거래되기 위해서는 회사가 어느 정도 규모도 갖추어야 하고 안정적으로 이익을 낼 수 있다는 것이 검증되어야 한다. 검증되지 않은 부실한 기업의 주식을 주식 시장에 거래하도록 허락하게 되면 그 주식을 매입한 사람들에게 피해를 줄 수 있기 때문이다. 그래서 규모가 큰 상장법인은 감사뿐 아니라 감사위원회를 별도로 설치해서 회사를 감시하도록 하고 있다.

감사위원회는 3명 이상의 이사로 구성하여야 하고 이 중 3분의 2는 사외이사로 구성하여야 한다. 사외이사는 회사와 관계없는 외부인이 이사로 선임되는 것을 말하는데, 내부인으로만 구성된 감사를 두게 되면 회사의 이익을 추구하는 과정에서 공익을 무시할 수 있는 위험이 있기 때문에 이를 견제하기 위해서 의무적으로 사외이사를 두도록 되어 있다.

- 자본금 10억 미만: 감사 불필요
- 자본금 10억 이상: 감사 설치 의무
- 자산 2조 이상 상장회사: 감사 & 감사위원회 설치 의무

소유와 경영의 분리

    주식회사의 주인은 주주다. 한 회사 발행주식의 큰 비율을 소유한 대주주는 잘 안 바뀌겠지만 소액주주는 수시로 바뀐다. 대주주가 직접 경영을 하는 경우도 있지만 주주총회에서 이사를 뽑아 경영을 위탁할 수도 있다. 직접 경영하는 것을 오너경영체제라 하고, 위탁하는 것을 전문경영체제라 한다. 오너가 직접 경영하지 않고 전문경영인에게 위탁하는 것을 '소유와 경영의 분리'라고 한다. 주주가 소유자이지만 경영은 자신들이 주주총회에서 선임한 이사들에게 맡기기 때문에 나온 용어다.

    대주주가 직접 경영하는 경우를 오너경영이라 하는데, 우리나라의 재벌 경영은 대부분 오너경영체제다. 미국을 비롯한 서구의 기업들은 소유와 경영을 분리하고 있는 기업들이 많다. 오너경영과 전문인 경영 각각 장단점이 있다.

    오너 경영과 전문인 경영의 장단점을 생각해 보자. 오너경영자는 자신이 회사의 주인이기 때문에 의사결정이 빠르고 장기적인 관점에서 투자할 수 있다. 우리나라 반도체 산업의 성공은 이병철 삼성그룹 회장이 초반 손해에도 불구하고 꾸준히 투자를 해 왔기 때문에 가능했던 것이다. 매년 평가를 받고 연임 계약을 해야

하는 전문경영인 입장에서는 지속하기 어려운 사업이었을 것이다.

반면 전문경영인은 전문성을 바탕으로 한 합리적인 의사결정과 단기적인 이익 극대화에 유리하다. 또한 외부에서 영입되는 경우, 외부 시각에서 회사의 문제점을 파악하여 조직을 혁신하는 데 효과적일 수 있다. 우리나라 축구대표팀 감독으로 영입되어 혁신적인 팀 운영으로 좋은 성과를 낸 거스 히딩크 감독과 같은 경우가 전문경영인의 장점을 살린 좋은 사례다.

소유와 경영의 분리로 모럴해저드(moral hazard)가 발생할 수 있다. 모럴해저드는 우리말로 도덕적 해이로 번역되는데, 주인인 주주가 직접 경영하지 않고 회사의 경영을 이사에게 위탁하기 때문에 생기는 현상이다. 회사의 내부 정보를 잘 아는 전문경영인은 그 정보를 이용하여 주주 이익을 높이는 데 최선을 다하기보다는 경영인 자신의 개인 이익을 위해 일할 수 있다는 것이다. 예를 들면, 부실금융회사의 과도한 퇴직금 수령이나 고의로 부도를 내고 재산을 은닉하는 행위 등이 모럴해저드 사례다.

상장(上場)

　상장(上場)은 시장에서 매매할 수 있도록 주식을 거래소에 올린다는
의미다. 주식회사의 주식은 물건처럼 거래가 된다. 맛나치킨㈜의 자본
금은 2억이었다. 2억 자본금을 5천 원 주식으로 발행하면 총 4만 장(2
억 ÷ 5천 원)이 된다.

증권시장 전광판

하룻밤 경영학

2020년 1월 9일 현재, 삼성전자는 1주당 58,600원이고, LG전자는 66,600원이다. 상식적으로 생각하면 우리나라 최고의 기업이라는 삼성전자의 주식 가격이 더 높을 것 같은데 LG전자의 주식 가격이 더 높다. 왜 이런 현상이 발생할까?

그 이유는 액면가에 있다. 삼성전자는 주식 1주의 액면가가 100원인 반면 LG전자는 5,000원이다. 두 기업의 주가는 별 차이가 나지 않지만, 액면가는 50배 차이가 난다. 액면가는 액면에 나타난 가격이다. 가령, 50년 전에 발행된 500원권을 지금 구입하려면 골동품상에 가서 1만 원을 줘야 한다면 돈의 액면가는 500원이지만 가격은 1만 원이 되는 것과 같다. 그래서 비전이 좋고 수익률이 높은 주식회사는 작은 액면가로도 많은 자본을 끌어들일 수 있게 되는 것이다.

증권시장 유형

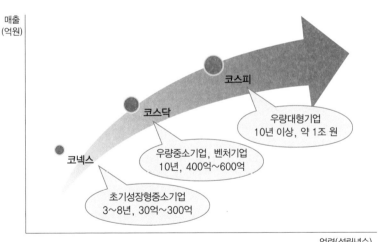

이게 주식회사의 매력이다. 맛나치킨㈜이 자금이 필요하여 추가로 4만 장의 주식을 발행해서 주식 시장에 올려놓고 팔면 2억의 자본금을 끌어올 수 있다. 이렇게 주식을 발행해서 주식 시장에 올려놓고 팔 수 있게 되는 것을 상장이라 한다. 맛나치킨㈜이 사업을 잘해서 많은 돈을 벌어들일 것으로 예상된다면 사람들이 5천 원보다 더 비싸게 사려고 할 것이다. 서로 사려는 사람이 많으면 많을수록 주식 가격은 더 오른다. 그렇게 해서 한 주당 만 원이 되었다고 가정하면 맛나치킨㈜은 추가 발행한 주식 4만 장으로 4억의 자본을 끌어들일 수 있게 된다. 반면 주가가 떨어져 2,500원이 되었다면 4만 장을 발행했지만 1억의 자본금만 생기게 된다.

그런데, 아무 주식이나 주식 시장에 거래할 수 없다. 주식 시장에 팔 수 있는 자격을 얻어야 가능한데 그렇게 자격을 얻는 과정을 IPO(Initial Public Offering), 우리말로 기업공개라 한다. 주식 시장에 거래되려면 기업에 자신이 투자한 돈(자기 자본)이 300억(코스피 기준) 이상이어야 하고, 정한 기간 동안 이익을 내는 등의 조건을 통과해야 한다. 그래서 상장된 기업은 그만큼 안정성 있고 공인된 기업이라고 봐도 된다.

주식 시장도 일반 상품이 거래되는 시장처럼 몇 개의 시장으로 나눠진다. 코스피 시장, 코스닥 시장, 코넥스 시장 등이 있는데, 상품 시장이 백화점시장, 재래시장과 같이 나눠져 있는 것처럼 기업 규모나 기업 운영 기간, 수익 등에 따라 나눠져 거래가 된다고 생각하면 된다. 코스피는 대기업, 코스닥은 중소 벤처기업, 코넥스는 중소기업을 위한 시장으로 보면 되겠다. 미국에서는 우리의 코스피 시장은 뉴욕증권거래소(NYSE)에 해당하고, 코스닥은 나스닥(NASDAQ)에 해당한다.

기업의 4가지 책임

    15세기 포르투갈, 스페인 등 유럽 강국들이 앞다투어 식민지를 개척할 때 당시 항해술로 한 달 이상 걸렸기 때문에 식민개척선은 한 번 움직이는 데 많은 비용이 들었다. 또한, 항해 중 파산이나 원주민의 피습 등의 위험도 높은 일이었기에 왕실이나 귀족들의 지원이 아니면 시도가 힘든 사업이었다. 이런 위험을 분산하면서 대규모 자금을 모으기 위해 시작한 방법이 지금의 주식회사 형태의 기업이 자리 잡게 된 배경이다.

    주식회사는 자본주의의 꽃이라 할 만하다. 자본주의의 핵심은 자본에 있다고 볼 수 있고, 자본의 힘은 자본의 축적에서 비롯된다. 철도사업이나 자동차사업, 전기통신사업을 하려면 큰 자본이 필요하기 때문에 자본의 축적이 중요하다. 주식회사는 자본의 축적에 가장 적합한 시스템이다. 우선, 법인(法人)은 자연인이 아니므로 죽지 않기 때문에 지속성이 있다. 후손이나 전문경영인이 이어 가면 되기 때문에 장기적인 사업이 가능하다. 그리고 주식회사는 여러 명의 돈을 쉽게 모을 수 있다. 사람들은 누구나 투자하여 돈을 벌고 싶어 하지만, 한꺼번에 큰돈을 투자하면 그만큼 위험도 증가하기 때문에 쉽지 않다. 주식회사는 이런 위험을 분산해 주기 때문에 작은 돈을 모아 큰돈을 만들기가 쉽다.

이렇게 발전해 온 회사는 자본주의 사회 가장 강력한 권력으로 자리잡게 되면서 단순히 이익을 남겨 회사를 유지해야 하는 책임 외에도 중요한 사회적 책임을 갖게 되었다.

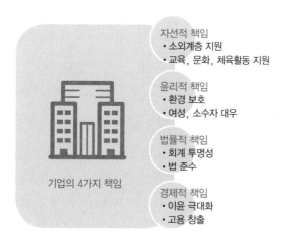

자선적 책임
• 소외계층 지원
• 교육, 문화, 체육활동 지원

윤리적 책임
• 환경 보호
• 여성, 소수자 대우

법률적 책임
• 회계 투명성
• 법 준수

경제적 책임
• 이윤 극대화
• 고용 창출

기업의 4가지 책임

미국의 경제학자인 캐롤(Archie B. Carroll) 교수에 의하면 기업은 다음 네 가지 책임을 갖는데 첫 번째 책임은 이익을 창출하는 일이다. 기업에서 돈은 피와 같으므로 피가 돌아가지 않으면 죽는 것처럼 기업도 이익을 창출하지 못하면 사라진다. 기업만 사라지는 것이 아니라 그 기업에 종사하는 종업원과 그 기업과 관계를 맺고 있던 고객, 협력업체, 주주에게도 큰 피해를 끼치게 된다. 따라서 기업의 첫 번째 책임은 경제적인 책임이다.

둘째는 법적 책임이다. 모든 기업은 이익을 창출하는 과정에서 법을 지켜야 한다. 기업과 직결되는 상법뿐 아니라 노동법, 세무관계법 등을 지키면서 기업을 운영해야 한다.

셋째는 윤리적인 책임이다. 법은 지킨다 하더라도 사회 통념상 도덕적 기준을 벗어나서 회사를 운영해서는 안 된다. 공정성을 해치거나 도덕적으로 비난받는 일을 통해서 기업 이윤을 추구해서는 안 된다.

넷째 책임은 의무라기보다는 권장 사항에 해당되는 자선적 책임이다. 영어로는 CSR(Coporate Social Responsibility), 기업의 사회적 책임이라고 하는데 기업이 지역사회와 삶의 질을 개선하기 위해서 참여하는 활동이다. 기업의 각종 공헌 활동이 여기에 해당한다.

CSR과 CSV

CSR(Coporate Social Responsibility)은 '기업의 사회적 책임'을 말한다. 반면 CSV(Creating Shared Value)는 '공유가치창출'이라고 한다. 둘 다 기업의 사회적인 책임을 다루는 용어지만 접근 방식은 크게 다르다.

자본주의 사회에서 불법을 저지르지 않고 회사의 이익 극대화를 위해 노력하면 사회가 바람직하게 발전할 것이라는 믿음에 회의가 생기기 시작했다. 기업은 각자 이익을 위해 열심히 일을 하지만, 소비자의 편리함을 위해 행한 일이 환경을 훼손할 수도 있고, 소비자를 위해 제공한 과도한 영양 공급으로 인해 소비자의 건강을 해칠 수도 있게 된다. 사람을 위해 만든 휴지나 가구는 자연을 훼손하고 사람이 입는 가죽이나 모피는 동물의 희생을 전제한다. 또한, 편리한 간편식들은 인간의 건강에 적신호를 보낸다.

모든 기업은 사회 속에서 활동하여 이익을 창출하게 되므로 그 사회에서 발생하는 사회적 책임에 예외가 될 수 없다. 기업이 어느 정도 규모 이상이 되면 개인이나 몇몇 주주의 소유물이기 전에 사회적 공기(公

器)로서의 성격을 갖게 되므로 국가나 지역사회로부터 일정한 사회적 역할을 요구받게 된다. 이런 관점에는 기업은 경제적 책임, 법률적 책임, 윤리적 책임과 같은 소극적 책임을 다하는 것은 물론 그 이상의 역할에 해당하는 사회봉사, 사회공헌활동, 교육 문화사업, 기부사업 등의 활동을 통해 사회 일원으로서의 역할을 담당하게 되는데 이를 기업의 사회적 책임, CSR이라고 한다.

CSR은 기업이 벌어들인 돈의 일부를 사회에 환원하는 개념이라 기업의 본업이 될 수 없다. 이익을 추구하는 기업이 CSR 활동을 하는 것은 착한 기업이라는 좋은 이미지를 통해 고객으로부터 더 많은 선택을 받고자 하는 의도가 있다고 봐야 한다. 따라서 CSR 활동만으로는 점점 거대해지고 권력화되어 가는 기업의 이면에 점점 더 깊어져 가는 자본주의 문제를 해결하는 데 한계가 있다. 그래서 나타난 개념이 마이클 포터 교수의 CSV 개념이다.

CSV(Creating Shared Value)는 공유가치를 창출한다는 의미다. 공유가치가 뭘까? 앞에서 보듯 기업이 추구하는 가치와 사회가 추구하는 가치가 일치하지 않기 때문에 사회적 문제가 발생한다. 기업은 이익을 추구하지만 사회는 공익을 추구한다. 기업이 추구하는 가치와 사회가 추구하는 가치를 함께 추구하자는 게 공유가치다. 즉 기업이 이익 창출에 전념하여 주주 이익을 위해 일하는 것이 바로 사회적 문제를 해결하는 것과 연결된다는 의미다.

CSV는 기업이 사회적 문제를 해결하는 행위가 곧 비즈니스라고 생각하면 된다. 수익을 창출하는 비즈니스모델이 사회적 공익과 연결되어 있다. 따라서 기업의 CSV 활동은 전사적으로 진행되고 더 많이 할 수록 회사의 이익이 증가한다.

어떤 은행에서 직원들의 자원을 받아 복지시설에 가서 봉사활동을 하는 것은 앞의 CSR 활동이다. 이 경우는 봉사활동을 하는 것이 이 회사의 본업인 비즈니스가 아니고 이 활동을 많이 하면 할수록 회사 이익은 줄게 된다.

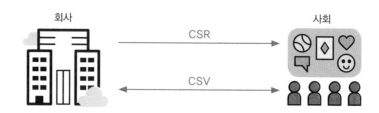

CSV 활동은 그 기업의 본업이 사회적 문제 해결이나 사회 공익 창출과 연결되어 있다. 방글라데시의 그라민은행의 예를 들어 보자. 방글라데시에는 하루 1달러도 벌지 못하는 빈민층들이 있다. 이들이 가난에서 벗어나기 위해서는 가축을 기르거나 옷을 만들어 팔아야 하는데 가난하기 때문에 은행에서 조그만 투자도 받을 수 없다. 그래서 평생 가난에서 벗어날 수 없다. 이를 지켜보고 설립한 은행이 그라민은행이다. 이 은행은 가난하다는 것을 증명하기만 하면 담보나 보증인 없이 소규모 자금을 대출해 준다. 이들에게 돈을 빌려주고 이윤을 창출하는 비즈니스가 마이크로크레딧(미소금융)이다.

그라민은행 총재 하마드 유누스는 이렇게 사회적 문제를 해결하는 비즈니스를 창출하여 성공하고 노벨평화상까지 수상하게 된다. 그라민은행의 사업이 잘될수록 방글라데시의 가난도 점점 사라지게 된다. 기업의 가치와 사회의 공공가치를 공유한 공유가치를 실현하는 기업인 것이다. 이것이 CSV, 공유가치 창출이다.

미국 최대의 유기농 마켓인 홀푸드 마켓의 CSV 활동을 소개하면 이렇다. 홀푸드는 지역 농부의 농산물을 유통하고 직원은 그 지역의 장애인, 노인을 고용함으로써 수익을 그 지역으로 돌려줬다. 홀마트를 이용하는 고객은 자연스럽게 그 지역에 기여를 하게 되었다. 지역 내 소수인의 고용 문제를 해결하면서 지역 농산물을 유통하는 비즈니스와 연결한 것이다.

우리나라에서도 CJ대한통운의 실버택배사업을 들 수 있다. CJ대한통운 '실버택배'가 국제연합(UN)의 '지속가능발전목표 이니셔티브(SDGs Initiative)'에 우수 사례로 선정되었는데 이것은 기업의 본업(택배)을 사회적 문제(노인 일자리)와 연결하여 공유가치를 만들어 냈기 때문이다. 이외에도 SK텔레콤의 '전통시장 스마트화 사업', 한국남부발전의 '발전소 온배수 재활용 사업' 등이 CSV 사례다.

이처럼, CSR에서 CSV로 발전해 가는 것은 기업이 이제 더 이상 사회의 공익으로부터 예외가 될 수 없고, 오히려 사회적 문제 해결과 함께함으로써 지속 가능한 사회를 만드는 주체가 되어야 함을 말해 주고 있다.

이런 현상을 반영하여 국제 표준화기구에서는 사회적 책임에 관한

국제 표준 ISO26000을 제정하여, 기업뿐 아니라 여러 사회조직이 지속 가능한 발전을 위해 책임져야 할 사회적 요건들을 제시하였는데, 핵심 주제는 지배구조 개선, 인권, 노동 관행, 환경, 공정운영, 소비자 이슈, 지역사회 참여와 발전 등이다.

회사는 누구의 것인가?

회사는 누구의 것인가? 지금까지 주주의 것으로 배웠다. 어떤 회사의 주인 역할을 하려면 발행 주식의 50% 이상을 가지면 된다.

삼성전자(주) 주주(2019년 말)

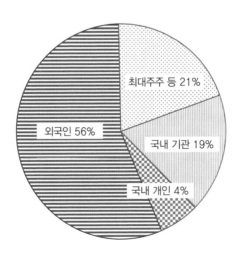

최대주주 등 21%

국내 기관 19%

외국인 56%

국내 개인 4%

주주총회의 주요 의사결정이 과반수이기 때문이다. 그럼, 삼성전자는 누구의 것일까?

그림에서 보면 외국인이 56%를 가지고 있는 외국 기업이라 볼 수 있다. 이 외국인들은 주로 투자를 목적으로 주식을 구입하여 흩어져 있는 (세력화할 수 없는) 외국인들이기 때문에 실질적으로 기업 운영에 관여하지 않고 있지만, 이들이 뭉쳐서 행동한다면 삼성전자의 운영은 외국인에게 넘어가게 될 것이다.

2019년 말 현재 삼성전자를 실질적으로 운영하고 있는 이재용 부회장의 직접적인 지분은 1%가 되지 않는다. 그렇지만 그의 친족과 삼성과 관련된 특수 관계인의 지분을 포함해서 경영권을 행사하고 있는 것이다.

이처럼 주식회사는 주식을 많이 가진 사람이 주인이고 주주의 이익이 최대한 보장되는 방향으로 기업을 운영해야 한다는 관점을 '주주자본주의'라 한다. 주주자본주의는 한마디로 '회사는 주주를 위해 존재한다.'는 시각에서 출발한다. 이처럼 주주의 이익만을 위해서 기업이 운영되면 기업이 어떻게 될까?

기업은 이익을 극대화하는 방향으로 움직이게 되므로 기업의 사회적 책임에는 등한히 하게 될 것이다. 기업의 성장은 자원 남용과 공해로 인한 환경 훼손과 필연적으로 연결되지만, 주주의 이익 관점에서 보면 관심사가 아니다. 또한, 종업원들의 급여나 교육훈련에 대한 투자는 줄이고 기업의 미래를 위한 연구 개발과 최신 기술에 대한 투자를 제한하는 대신 현재 주주들에게 더 많은 이익 배당을 하게 되어 기업의 장기적인 발전을 가로막는 결과를 초래할 수 있게 된다.

다른 한편에는 기업은 이해관계자(stakeholder)의 것이라는 관점이 있다. 이해관계자는 우선 앞에서 말한 주주가 있을 것이고 그 기업에 돈을 빌려준 채권자들, 그리고 그 기업에서 일하는 직원들을 생각할 수 있다. 그리고 그 기업과 거래하는 협력업체와 그 기업의 제품과 서비스를 사용하는 고객, 그 기업과 더불어 성장하는 지역사회를 생각할 수 있다. 이런 이해관계자들 모두를 기업의 주인으로 봐야 한다는 시각이다.

기업이 어느 규모를 넘어 삼성전자와 같이 국가의 경제를 좌우하는 정도에 이르게 되면 그 기업의 흥망성쇠가 국민의 복리와 직결될 수밖에 없다. 특히 우리나라와 같이 대기업 위주의 경제정책을 펴 온 경우에는 현재의 기업 성장은 그 개별 기업의 노력 외에도 국민의 세금과

정부의 집중적인 지원이 함께한 결과로 봐야 한다. 또한, 사회 속에서 기업의 힘과 역할이 점점 더 커지면서 잘못된 경영으로 가져올 사회의 해악은 상상을 초월할 수준이 될 것이기 때문에 기업은 주주만의 것이 아니라 주주를 포함한 이해관계자의 것으로 봐야 한다는 것이 '이해관계자 자본주의' 관점이다.

주주자본주의 관점은 현대 자본주의의 본산이라 할 수 있는 미국을 중심으로 정착되어 온 관점이라면, 이해관계자 자본주의는 독일과 영국을 비롯한 유럽의 관점이다. 21세기까지도 대세로 자리 잡아 온 주주자본주의 관점은 무제한적인 시장만능주의로 인한 경제 사회적인 양극화의 골이 더 이상 감당하지 못할 정도로 깊어졌다는 위기감 속에서 2008년 발발한 글로벌 금융위기를 겪으며 근본적인 회의를 갖게 된다.

이제는 이해관계자 자본주의가 주주자본주의의 본산인 미국은 물론, 미국식 경영의 영향을 받아 온 우리나라를 비롯하여 세계경제포럼(WEF)의 핵심 의제가 되고 있을 정도로 정치·경제 엘리트들의 관심이 되고 있다.

기업의 가치

　결혼에 임박하여 배우자를 선택할 때 그 사람의 가치를 어떤 기준으로 판단할 것인가? 그 사람이 가진 재산, 그 사람의 학력, 직업, 교양, 외모, 말솜씨 등을 종합적으로 감안하여 판단하지 않겠는가? 기업도 마찬가지다. 기업이 가진 재산(자산), 기술력, 브랜드 가치, 이미지, 홍보 내용 등을 보고 결정할 것이다.

　사람의 겉으로 드러나는 가치는 그 사람의 외모나 이미지 그리고 그 사람이 가진 재산 등이 될 것이다. 겉으로 드러나는 가치를 기업에서 '현상적인 가치'라 하고 주식 가격에 발행 주식 수를 곱한 시가총액이 된다. 기업의 시가총액은 매일의 주가에 따라 변한다. 정치 경제적인 이슈에 의해 하루에도 20%~30% 등락이 이루어지기도 한다. 사람 역시 마찬가지다. 만난 지 얼마 되지 않은 사람의 겉으로 보이는 행동에 따라 그 사람에 대해 느끼는 가치는 짧은 시간에도 오르내린다.

　그렇지만 '본질적인 가치'는 단기간에 오르내리지 않는다. 사람도 오래 만나 그 사람의 내면적인 가치까지 파악되고 나면 그때부터 겉으로 나타난 행동에 의해 쉽게 흔들리지 않듯이 기업의 본질적인 가치 또한 마찬가지다. 그렇다면 기업의 본질적인 가치는 무엇으로 결정될까?

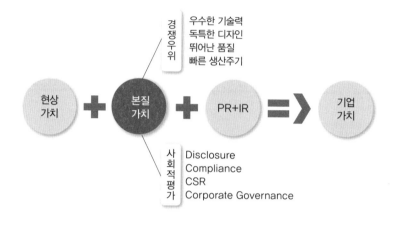

첫째는 경쟁력이다. 다른 기업에 비해 나은 점을 갖추는 것이다. 이를 '경쟁우위'라 하는데 경쟁사보다 우위에 있다는 의미다. 뛰어난 기술력과 디자인, 우수한 품질, 빠른 생산 주기와 같은 것들이다.

둘째는 사회적 평가다. 사람도 본인이 말하는 것보다 다른 사람이나 기관의 객관적인 평가에 의해 더 신뢰를 받듯이 기업도 사회적으로 좋은 평가를 받아야 한다. 기업이 사회적으로 우수한 평가를 받기 위해서는 투명한 경영을 위해 기업을 공개하고(디스클로저 disclosure), 윤리적 경영(컴플라이언스 compliance)을 실천하고, 기업의 사회적 책임(CSR)을 다하고 투명한 기업지배구조(Corporate Governance)를 갖춰야 한다.

기업지배구조는 기업의 의사결정시스템을 말하는데, 이사회, 감사와 같은 회사의 다양한 기구들이 몇몇 대주주에 의해 제멋대로 운영되지 않고 취지대로 운영될 수 있도록 하는 것을 말한다. 우리나라의 경우, 사외이사제도 도입, 감사 독립권, 회계제도 선진화, 주주 권리 강화 등이 이슈가 되어 있다.

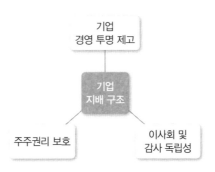

경쟁력과 사회적 평가를 높이기 위한 노력으로 기업 브랜드를 구축하고 그것을 잘 홍보할 때 기업의 본질적인 가치가 높아질 수 있다. 이때 홍보는 PR과 IR을 병행한다. PR은 Public Relation으로 기업이 일반인을 대상으로 하는 이미지나 제품 홍보를 말한다. IR은 Investor Relation으로 투자자를 위한 홍보 활동을 말한다. 기업이 아무리 경쟁력을 갖췄더라도 제대로 홍보가 되지 않으면 가치를 제대로 인정받을 수 없다. 특히, 직접 돈을 가진 투자자의 마음을 얻지 않고서는 기업 가치를 높일 수 없다.

2부

경영을 훑다, 경영이론

경영학은 어디에서부터 시작되었을까? 유럽에서 먼저 시작되었을까, 아니면 미국에서 먼저 시작되었을까? 짐작했겠지만 유럽이 먼저다. 경영학의 기원은 독일의 '상업학'에서 찾을 수 있다. 1675년 프랑스인 사바리(J. Savary)의 『완전한 상인』이 출판되던 해를 경영학의 기점으로 본다. 미국의 경영학은 미국 역사만큼 일천하다. 미국경영학의 역사는 100년 정도로 보며 '기업관리학' 개념으로 발전해 왔다.

독일의 경영학은 과학이론으로 체계화하는 과정에서 정립된 반면, 미국의 경영학은 이론보다는 실천과학, 응용과학 관점에서 연구되어 왔다. 또한, 독일경영학은 학자와 대학교수가 중심이 되어 연구해 온 반면, 미국은 현장에서 일하는 기업 실무자가 연구 주체가 되었다. 따라서 독일경영학은 다분히 철학적이고 개념적인 방식으로 발전하였지만, 미국경영학은 어떻게 하면 효율적으로 관리하여 더 많은 이윤을 낼 것인가를 연구함으로써 실리 중심의 연구를 해 왔다고 볼 수 있다.

일본은 독일경영학의 영향력을 받아 발전하다가 2차 대전 이후에는 경영관리적 성격이 강한 미국경영학의 영향을 받아 오늘에 이르고 있고, 우리나라는 일본경영학을 도입하여 연구하다 광복 이후에 미국경영학의 영향을 받아 오늘에 이르고 있다.

경영학을 이해하는 방법은 다른 학문과 마찬가지로 여러 관점에서 연구되지만, 고전경영이론, 행동학적 경영이론, 현대경영이론으로 나눠 볼 수 있다. 고전경영이론은 경영관리 중심이었으며, 행동학적 경영이론은 인간행동 중심, 현대경영이론은 상황 중심의 이론으로 정리할 수 있다.

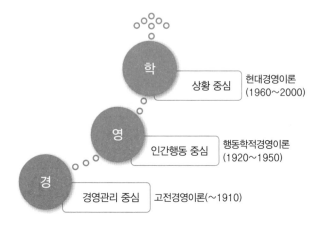

학 상황 중심 현대경영이론 (1960~2000)

영 인간행동 중심 행동학적경영이론 (1920~1950)

경 경영관리 중심 고전경영이론(~1910)

경영학 이론이 태동하게 된 배경에는 산업혁명이 있고, 이론적으로는 아담스미스의 『국부론』이 뒷받침하였다. 18세기 영국을 중심으로 일어난 산업혁명은 제조업에서 획기적인 변화를 가져왔다. 수공업시대에서 증기기관시대로 진입하면서 공장이 생기고 대량생산이 가능해진 것이다. 급격한 산업화로 접어들면서 노동 문제, 효율적인 생산 등의 문제를 해결하기 위한 경영학의 필요성이 대두된 것이다.

아담스미스는 『국부론』에서 국부(國富)의 원천을 노동생산에서 구하고 노동의 분업에 기초한다고 하였는데, 아담스미스의 분업이론은 미국기업가 출신의 학자에 의해 계승되어 대량생산방식으로 발전하게 되었다.

테일러의 과학적 관리 방법

    미국에서는 19세기 말부터 20세기 초에 산업혁명이 일어나면서 대규모 공장이 생기기 시작하고 공장 노동자들도 증가하게 되었다. 산업 초기 노동자들은 자신들이 하는 일에 비해 낮은 처우를 개선하기 위해 자본가를 상대로 태업[1]을 하게 되는데, 결과적으로 공장의 업무 효율성이 더 낮아지자 급여 인하 압력이 높아지는 등의 악순환이 되풀이되고 있었다.

    이런 배경 속에 경영학의 발명가로 평가받는 프레드릭 테일러(Frederick Winslow Taylor, 1856~1915)가 등장한다. 테일러는 테일러주의로 알려진 과학적 관리법을 개발하는데, 경영관리를 과학적으로 접근한 방법이라는 의미다. 테일러는 미국의 전형적인 중산층 가정에서

---

1   태업(怠業) : 집단적으로 일을 게을리하는 것. 조직적인 태업은 사보타주(sabotage)라 하고 은밀한 태업은 솔저링(soldiering)이라 한다.

태어나 하버드대 법학부를 졸업하였으나 병으로 변호사 개업을 하지 못하고 철강회사 견습공으로 들어가는데, 여기서 고속 승진하여 총괄기술자가 된다. 테일러는 변호사인 아버지 아래 자라면서 낭비나 게으름과 같은 것을 아주 싫어했다고 하는데, 당시 노동자의 태업은 그에게 도전적인 과제가 되었을 것이다.

프레드릭 테일러

테일러는 노동자가 태업을 하며 불만을 갖는 것은 합의된 일의 양(작업량)이 정의되지 않아서라고 생각하고 노동자의 작업과정을 관찰하여 그들의 '동작을 연구'하고 동작별 '시간연구'를 통해서 노동자가 하루에 일할 수 있는 '표준작업량'을 제시하였다. 벽돌공이 벽돌을 나르는 동작에서 불필요한 동작을 없애 18개 동작에서 5개 동작으로 줄이고 각 동작별로 걸리는 시간을 측정하여 일반 노동자가 하루에 나를 수 있는 벽돌 개수를 표준작업량으로 정하는 식이다.

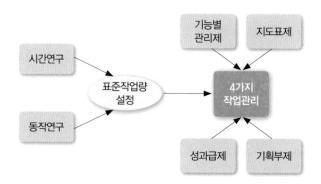

그렇게 정해진 표준작업량보다 더 많이 일하는 노동자와 그렇지 않은 노동자를 구분하여 보상을 다르게 하는 '성과급제도'를 적용하였다. 다음으로 노동자들의 작업 중 기획과 준비작업은 육체노동작업과 분리하여 노동자는 육체적 노동만 할 수 있도록 '기획부제'를 도입하였고, 한 사람의 공장책임자가 노동현장을 관리하던 것을 계획 부문과 현장 부문으로 나눠 기능별로 전문책임자를 도입하였다. 이것을 '직장(職長)제도'라 하는데 뒤편 조직이론에서 나오는 기능식 조직의 출발점이 된다. 그리고 지금의 작업지시서에 해당하는 '지도표(指導表)'를 만들어 적용하였다. 1시간 정도 일하고 10분간 쉬면 생산성이 더 높다는 것을 알고 휴식제도도 도입하였다.

"노동자에게는 높은 임금을 자본가에게는 높은 이윤을"이라는 슬로건을 내걸고 노동자를 일류 시민으로 만들겠다는 목표를 가지고 12년간 연구 끝에 테일러의 과학적 관리 방법이 탄생된다. 테일러는 생산성 향상과 노동자의 소득에 큰 기여를 한 것은 사실이지만, 더 높은 노동 강도와 더불어 인간을 기계처럼 만들었다는 비난의 대상이 되기도 했다.

포드의 컨베이어벨트 시스템

과학적 관리 방법론에 기여한 또 한 사람의 미국인이 있다. 바로 미국의 자동차 왕 헨리 포드(Henry Ford, 1863~1947)다. 헨리 포드는 디트로이트에서 노동자의 아들로 태어나 기계공장에 취업하여 자동차의 내연기관을 상용화하는 과정에서 테일러의 과학적 관리 방법을 더욱 발전시켰다.

포드란 이름은 한 번쯤 들어 봤을 것이다. 미국 3대 자동차 메이커 중 하나인 포드 자동차를 만든 사람이다. 포드는 '1초 이상 걷지 않는다.', '결코 몸을 구부리지 않는다.'라는 포드의 2대 원칙을 정하고 모든 생산 공정에 컨베이어벨트 시스템을 구축하여 '이동조립법'을 완성하였다. 컨베이어벨트 시스템은 포드가 여행 중에 푸줏간에서 소를 손수레로 이동시키면서 마지막 아무것도 남지 않을 때까지 해체해 가는 과정에서 아이디

헨리 포드

어를 얻었다고 한다. 테일러의 대량생산방식은 동작과 시간연구를 통해 인위적으로 노동자를 통제하는 방식이었지만 이 방식은 차체가 벨트를 따라 계속 밀려들고 있으므로 어쩔 수 없이 일할 수밖에 없도록 자동적으로 통제되는 방식이었기 때문에 테일러의 대량생산방식을 완성하였다고 한다.

컨베이어벨트 시스템에서는 노동자는 움직이지 않고 생산시설이 움직인다. 그렇게 하기 위해서는 모든 부품과 공정이 표준화되어 있어야 한다. 포드시스템의 대량생산을 위해 생산의 표준화로 3S(Simplification, Standardization, Specialization), 즉 제품은 단순화하고, 부품은 규격화하며, 기계와 공구는 전문화 하였다.

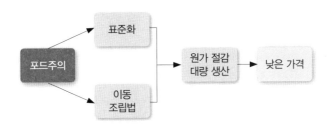

이러한 결과 당시 귀족의 전유물이던 자동차 1대당 생산시간이 630분에서 93분으로 줄고, 자동차 가격은 2,000불 수준에서 290달러 수준까지 하락하여 자동차 대중화 시대를 열게 되었다. 그리고 당시 하루 10시간이었던 근로시간이 8시간으로 줄고, 포드 자동차 노동자의 급여도 다른 자동차 회사의 2배 수준으로 상승하게 되었다.

테일러와 포드의 과학적 관리 방법으로 생산성이 획기적으로 증대하였으며 노동자들의 급여도 상승하고 만성적인 태업도 사라졌을 뿐만 아니라 산업혁명 후 근대적인 공장제 시

찰리 채플린의 〈모던 타임즈〉

스템을 정착하는 계기가 되지만, 노동자들은 생각을 할 필요가 없는 공장의 부품이 되었으며 기계로부터 인간이 소외되었다.

찰리 채플린이 단순 조립공으로 등장하는 영화 〈모던 타임즈〉는 대량생산 시스템 속에서 인간이 부품화되면서 인간의 존엄성을 잃게 되는 테일러주의와 포드시스템을 고발한 우습고도 슬픈 영화다.

일반관리론의 파욜

테일러와 포드는 현장에서의 관리 방법을 개선하여 노동생산성을 높이려고 했다면 앙리 파욜(Henri Fayol, 1841~1925)은 경영관리 수준에서 관리 방법을 개발하여 알려진 사람이다.

앙리 파욜은 프랑스 국립광업대학교를 졸업하고 광산회사에 입사하여 6년 만에 현장관리 매니저가 되어 사장까지 되는데, 그가 사장이 되어 30년간 경영하는 동안 그 회사는 프랑스에서 재무 상태가 가장 건전한 기업 중 하나였다고 한다.

그는 퇴임 후 경영학자가 되어 자신의 현장 경험을 통해 기술보다 관리가 더 중요하다는 것을 강조하며 6가지 경영 활동을 제시하였는데 기술적 활동, 상업 활동, 재무 활동, 보호적 활동, 회계 활동, 관리적 활동이다. 모든 조직은 경영과 분리될 수 없

앙리 파욜

다고 하면서 특히 마지막 관리적 활동의 구체적 요소를 제시하였는데 계획, 조직, 명령, 조정, 통제이다. 현대 경영학에서도 계획, 조직화, 지휘, 통제로 경영학 이론이 전개되고 있음을 보면 그가 얼마나 대단한 인물이었는지 알 수 있다.

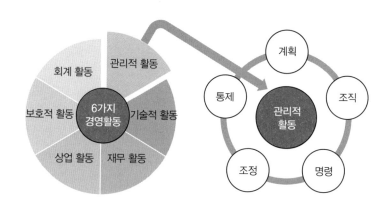

그리고 우리가 관리순환 사이클로 알고 있는 PDS(Plan – Do – See)도 파욜이 제시한 개념이다. 많은 개념들이 한꺼번에 나와 복잡하게 느껴질 수도 있겠지만, 이런 절차들은 파욜이 경영 관리학의 창시자로 자기매김하게 만들었고 현대경영학 이론에도 많은 영향을 미치고 있다.

이러한 앙리 파욜의 관리원칙들은 후대의 경영학자들에 의해서 더욱 발전되는데 파욜의 PDS 사이클은 미국의 윌리엄 에드워드 데밍에 의해 PDCA 사이클로 발전하게 된다. PDCA 사이클은 Plan, Do, Check, Act로 우리말로 표현하면 계획, 실행, 검증, 개선이 된다. PDCA 사이클 정도는 실제 상황을 적용해서 알아 두면 마주하는 여러

하룻밤 경영학

가지 일을 하는 데 도움이 된다.

데밍의 PDCA사이클

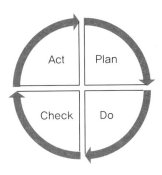

동아리에서 MT를 가게 되었을 때를 PDCA 사이클에 대입해 보면, 먼저 동아리를 가기 전에 계획을 세울 것이다. 장소, 날짜, 참석 인원, 예산, 행사 계획, 준비물 등의 계획을 세우고(Plan), 그 계획대로 실행한다. 장소 예약을 하고, 참석 인원을 체크하고, 교통편을 준비하고 음식물을 준비한 뒤, 행사를 진행한다(Do). 다음은 뒤풀이를 통해 행사가 제대로 되었는지 점검하여 계획과 차질이 생긴 부분과 잘된 부분, 부족한 부분을 정리한다(Check). 마지막으로 이렇게 점검한 사항 중 바로 개선할 것은 개선하고 나머지는 다음 행사 때 반영한다(Act).

막스 베버의 관료제론

관료제는 막스 베버(Max Weber, 1864~1920)에 의해 주창되었다. 막스 베버는 어느 특정 분야의 학자라고 하기 힘들 정도로 사회학, 역사학, 경제학, 종교학, 정치학 등 여러 분야에 혁혁한 업적을 남긴 사회과학자이다.

베버의 관료제는 산업사회가 되면서 가내수공업 형태를 벗어나 대규모의 조직을 효율적으로 운영하기 위한 사회조직 운영 원리로 제시된 개념이다. 관료(官僚)는 고위 관리를 뜻하는 한자어다. 지금에 와서는 관료제라고 하면 부정적인 느낌이 먼저 든다. 왠지 경직되고, 복지부동의 모습이 그려지게 될 텐데 이것은 현재 관료제의 문제점이 부각되어 형성된 이미지라 볼 수 있다.

베버의 관료제가 나온 당시는 전통적인 농업사회에서 산업사회로 이전하면서 조직

막스 베버

이 대규모화가 되고 대규모 조직에 맞는 능력 중심의 전문화된 합리적인 지배체제가 요구될 때이다. 베버의 관료제는 전통적인 신분이나 인맥에 의한 권위가 아니라 합리성과 규칙성을 기반으로 하는 지배체제를 제시한 것이다.

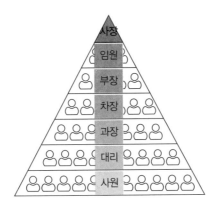

피라미드조직

관료제는 피라미드형 조직을 생각하면 된다. 권위에 바탕을 둔 위계질서 아래 규범과 절차에 따라 운영하는 조직체계를 말한다. 지금도 대부분 조직의 기본 틀이 되고 있으며 특히 군대나 관공서처럼 명령과 규율이 중시되는 조직에서 활용하고 있다.

지금까지 고전경영학이론에 대해서 살펴보았다. 지금부터 살펴볼 이론들은 인간을 도구로 보는 비인간적인 면에 대한 반발과 함께 경영관리에도 인간을 중시하는 인간관계 중심의 경영이론의 필요성으로 등장하게 된 행동학적 경영이론이다.

메이요의 호손공장 실험

하버드대학교 심리학과 앨튼 메이요(Elton Mayo, 1880~1949) 교수는 종업원이 3만 명이나 되는 거대한 전화기업체 웨스턴일렉트릭사의 호손공장에서 어떤 요인들이 종업원의 생산성을 높이는지에 대한 실험을 진행하였다.

8년간에 걸쳐 4가지 실험을 하게 되는데, 이 실험에서 앞서 언급한 과학적 관리법을 포함하여 조명 상태나 습도, 소음, 휴식과 같은 작업 환경이 조직 성과에 어떤 영향을 주는지를 연구하였다.

메이요는 2개의 작업장을 대상으로 조명 실험을 하였다. 조명이 밝아짐에 따라 생산성이 높아졌지만 어느 정도 이상으로 높아지지는 않았다. 여기까지는 예상한 대로였다. 그런데, 이상한 일이 벌어졌다. 조명을 높이지 않은 작업장의 생산성도 높아

앨튼 메이요

하룻밤 경영학

졌다. 조명을 어둡게 해도 결과는 마찬가지였다. 연구자들은 작업 환경 외의 어떤 요인이 생산성에 영향을 미치는지를 알기 위해 면담을 시작했다.

그 결과 재미있는 사실을 발견한다. 연구자가 조사를 하고 있다는 사실에 자신들이 실험 대상이라는 것을 인지하면 더 열심히 하게 되는 것을 알게 되었다. 마치 초등학교 때 많은 사람들이 지켜보는 가운데 연구수업을 하면 평소 떠들던 학생들도 조용히 집중하는 모습을 보이게 되는 현상과 같은 일이 일어난 것이다.

호손공장

이 연구에서 메이요는 작업 성과에 영향을 주는 것은 작업 조건과 같은 물리적 환경보다는 종업원의 사기, 감독 방법, 인간관계 등이 개인의 감정과 태도를 좌우하여 생산성과 연결됨을 확인하게 되었다.

이 실험을 통해 '호손효과'란 말이 생겼는데, 호손효과는 다른 사람의 시선을 의식할 때 본래의 의도와 타고난 성격과 다르게 행동하는 것을 말한다.

또한, 메이요는 회사에는 회사의 업무를 위해서 만들어진 공식 조직뿐 아니라 자신의 생각과 경험이 비슷한 사람끼리의 모임인 '비공식조직'이 자연발생적으로

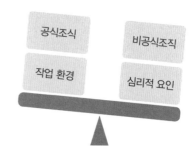

생겨난다는 것을 알게 되었고, 회사의 작업 성과는 개인의 능력이나 숙련도, 관리자의 지시만 작업 능률과 상관이 있는 것이 아니라 각자의 근로 의욕이나 비공식적으로 합의된 규범이 작업 능률과 상관관계가 크다는 것을 발견하였다.

호손실험은 물질적 조건의 개선도 필요하지만, 직원들의 심리적 요소, 즉 직원들의 태도와 감정이 생산성에 영향을 주는데 이러한 직원들의 태도와 감정은 그가 속한 개인적 사회적 환경에 영향을 받기 때문에 사내의 비공식적인 개인적 교류 관계와 그가 속해 있는 비공식 그룹을 잘 관리해야 함을 말해 주고 있다.

맥그리거 X, Y이론

미국의 심리학자 더글러스 맥그리거(Douglas Murray McGregor, 1906~1964)는 『기업의 인간적 측면』에서 인간의 본성에 관해 전통적 인간관을 X, 새로운 인간관을 Y로 구분하였다.

X이론은 인간은 본래 게으르고 일을 싫어하므로 강제적으로 통제하고 관리해야 한다는 입장이고, Y이론은 인간은 본래 일을 싫어하는 것이 아니라 조건에 따라 얼마든지 즐기면서 일을 하고 책임감을 갖고 맡은 일을 잘하려고 한다는 입장의 이론이다.

X이론은 인간의 성품은 본래부터 악하다는 순자의 성악설, Y이론은 반대로 맹자의 성선설에 가깝다. 여러분들은 어느 쪽인가? 맥그리거는 인간은 원래 전통적인 인간관을 가졌지만 노력에 따라 새로운 인간관인 Y형으로 변화하여 조직을 위해 헌신할 수 있다고 하였다. 이를 위해 맥그리거

더글러스 맥그리거

는 조직의 목적과 개인의 목적이 일치하는 상황을 만들어야 한다고 하였다.

경영자가 어떤 인간관을 갖느냐에 따라 조직 구성원을 대하는 태도나 관리 방법이 달라질 것이다. X이론에 바탕을 둔 경영자는 권위적인 리더십을, Y이론에 바탕을 둔 경영자는 민주적 리더십을 구사할 것이다. 테일러와 포드의 과학적 관리 방법론이 적용되던 시대에는 X이론에 근거하여 경영관리를 했다고 볼 수 있고, 창의성과 자율성이 강조되는 현대 경영 환경하에서는 Y이론에 의한 경영으로 접근하는 경향이 강해지고 있다고 할 수 있다.

X-Y이론에서 한 걸음 더 나아간 Z이론도 있다. Z이론은 미국의 윌리엄 오우치(Willian Ouchi, 1943~)가 제창한 이론으로 '호의적 Y이론'으로 불린다. 상호 신뢰와 협력을 바탕으로 한 집단적 경영을 중시하는 이론인데, X이론이 권위주의적 관리를, Y이론은 민주적 관리를 대변한다면 Z이론은 자유방임적 관리를 대변한다.

하룻밤 경영학

Z이론은 1980년대 중반 일본기업 경쟁우위의 원천으로 보는 전문가들도 있는데, 모든 구성원들이 참여하여 합의로 의사결정을 하게 되면 종업원들에게 주인의식이 생겨 작업에 대한 열의가 높아진다는 것이다.

매슬로우 욕구 이론

　매슬로우는 사람에게는 5가지 단계적인 욕구가 있는데 하위 욕구가 채워지면 상위 욕구를 갖게 된다고 하였다. 인간의 동기는 결핍으로 인해 발생하는 욕구에서 비롯되는데 여러 가지 욕구를 단계별로 구분할 수 있다는 이론이다.

　첫째는 '생리적 욕구'로 배가 고프거나 졸리거나 화장실에 가고 싶어 하는 욕구다. 생리적 욕구는 아주 강력한 욕구로서 다른 어떤 욕구보다 우선된다.

　둘째는 '안전의 욕구'로 신체의 안전뿐 아니라 사회 경제적으로 어려움에 처하고 싶지 않은 욕구다.

　셋째는 '사랑과 소속의 욕구'로 어딘가에 소속되고 싶고 누군가의 사랑을 받고 싶어 하는 욕구다. 사랑을 주고자 하는 욕구도 이 욕구에 속한다.

매슬로우

넷째는 '자기존중의 욕구'로 타인으로부터 존중받거나 인정받고 싶어 하는 욕구다. 이 욕구는 자신으로부터는 자신감과 독립심과 같은 욕구이며 타인으로부터는 명예나 위엄을 받고 싶어 하는 것을 말한다.

다섯째는 '자기실현의 욕구'로 자신의 능력과 기술, 잠재력을 최대한 발휘하고자 하는 욕구다. 자기실현욕구는 최고 단계의 욕구에 해당한다.

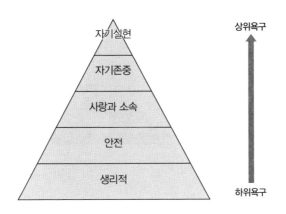

매슬로우의 욕구단계설은 낮은 욕구가 충족되어야 높은 차원의 욕구로 발전해 간다고 하였다. 장발장이 빵을 훔치는 이유는 안전에 문제가 생길 수 있지만 당장 생리적 욕구를 해결해야 하기 때문이다. 즉, 낮은 차원의 욕구가 충족되지 않으면 그보다 높은 차원의 욕구가 그다지 중요하지 않다는 의미다. 이 부분은 후대의 학자들에게 비판받는 부분이기도 하다. 사람은 안전의 욕구를 희생하고도 보다 높은 욕구를 추구할 수도 있고 두 가지 이상의 욕구를 동시에 충족하기 위해서도 행동한다는 것이다. 매슬로우 이론의 비판은 엘더퍼 이론에서 살펴볼 것이다.

매슬로우의 5단계 욕구론은 종업원 관리에도 활용될 수 있지만, 기업 마케팅에도 활용되고 있다. 가전업체의 세탁기 광고를 살펴보면, 세탁기가 처음 나오던 시기에는 세탁기는 세탁력, 세탁 속도, 내구성과 같이 가격과 기능으로 고객에게 접근하지만, 점차 안전과 품질을 강조하다가 품질과 성능이 어느 정도 비슷해지는 시점에는 상품에 담겨있는 스토리, 고객의 경험과 감성에 접근하여 차별화하는 것을 알 수 있다. 이것은 고객의 욕구단계설에 기반한 이론을 기업 마케팅에 활용한 예라고 볼 수 있겠다.

허즈버그 2요인 이론

매슬로우의 5단계 이론은 허즈버그(Frederick Herzeber, 1923~2000)의 2요인이론으로 발전되었는데, 허즈버그는 직무에 만족하는 사람은 직무 내용과 관련이 있고, 직무에 불만족을 느끼는 사람은 작업 환경과 관련이 있다는 사실을 발견하고는 2요인 이론 또는 동기-위생이론을 주장하였다.

만족의 반대말은 뭘까? 불만족? 허즈버그에 의하면 만족의 반대말은 '만족 없음'이고 불만족의 반대말은 만족이 아니라 '불만족 없음'이다. 다시 말하면 만족요인과 불만족요인이 따로 있다는 뜻이다. 그래서 만족요인은 동기요인이라고 하고 불만족요인은 위생요인으로 구분하여 설명하였다.

우선, 위생요인부터 보자. 위생요인에는 실내 공기, 조명, 작업 환경, 급여 등이 있

허즈버그

는데 이런 부분은 근무를 하는 데 기본적인 사항으로 제공되지 않으면 불만족 요인이 될 뿐 제공된다고 하더라도 만족하지는 않는다. 다만, 불만족이 없어져 '불만족 없음' 상태가 된다.

반면 동기요인에 해당하는 성취, 인정, 보람 있는 일, 성장과 같은 것은 제공되면 만족하지만 제공되지 않더라도 불만족하는 것이 아니라, '만족 없음' 상태가 된다는 것이다.

매슬로우의 5단계 욕구를 허즈버그의 2요인으로 분류해 보면 생리적 욕구, 안전욕구, 사랑과 귀속의 욕구는 위생요인에 해당하고, 자기존 중욕구, 자기실현욕구는 동기요인에 해당한다.

앨더퍼 ERG 이론

앨더퍼의 ERG 이론은 매슬로우 욕구단계 이론이 갖는 한계점을 보완하여 발표한 이론으로 매슬로우 5단계 욕구를 존재욕구(E : Existence Needs), 관계욕구(R : Relatedness Needs), 성장욕구(G : Growth Needs)로 구분하였다. 존재욕구는 매슬로우의 낮은 단계 욕구에 해당하며, 관계욕구는 중간 단계, 성장욕구는 높은 단계의 욕구에 해당한다.

엘더퍼는 매슬로우는 5가지 욕구가 순차적으로 발생한다고 했지만 여러 욕구가 동시에 발생하기도 하고 하위 욕구가 충족되지 않은 채 상위 욕구를 추구할 수도 있다고 하였다.

엘더퍼

가령, 우리가 집을 사는 것은 안전의 욕구를 해결할 뿐 아니라 다른 사람으로부터 인정받고 싶어 하는 욕구도 동시에 충족하는 행위이며, 독립군들이 고문과 희생으로 인해 생리적 욕구와 안전의 욕구가 충족되지 않으면서도 독립운동을 하는 것은 존중과 자아실현의 욕구를 추구하고 있기 때문인 것이다.

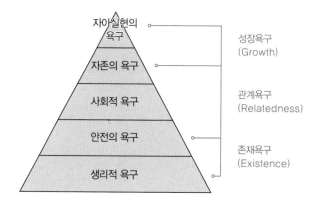

현대 경영학 이론

시스템 이론

자연과학에서 보편화되어 온 일반시스템이론을 경영학 연구에 응용한 것으로, 조직은 하나의 시스템처럼 움직이므로 조직의 목표를 달성하기 위해서는 조직 내의 모든 요인들이 적절히 상호 작용하고 조화로우며 균형을 이루어야 한다는 이론이다. 시스템 이론에서는 두 학자의 주장을 살펴볼 것이다.

앞에서 살펴본 과학적 관리와 같은 고전주의 이론은 인간성을 결여한 Organization without People이었다면 행동주의 이론은 공식조직의 문제를 경시한 People without Organization이었다고 볼 수 있다. 이런 양쪽의 관점을 통합한 사람이 미국의 저명한 경영학자인 체스터 버나드(Chester

체스터 버나드

Barnard, 1886~1961)다.

버나드는 흔히 근대조직론의 아버지로 불리는데 그는 사회 모든 조직은 '협동시스템'으로 이루어져 있고, 조직은 효율적으로 운영될 때 유지될 수 있다고 하였다. 따라서 조직이 살아남기 위해서는 조직 구성원 간 협력하여야 하는데, 협력하기 위해서는 조직의 목적과 개인의 목적이 통합되어야 함을 강조하였다. 그는 "조직 상층부의 역할은 개인과 조직의 목적을 일치시키는 것"이라고 하였다.

버나드의 이론은 심리학자이며 경제학자인 허버트 사이먼(Herbert Alexander Simon, 1916~2001)에 의해 더욱 발전되는데, 사이먼은 독자적인 조직이론을 전개하여 노벨상까지 받게 된다.

그는 조직을 '의사결정시스템'으로 보았다. 사이먼은 조직을 성립시키고 존속시키는 조건이 곧 경영이며, 그 중심이 되는 것이 바로 '조직적 의사결정'이라고 하였다. 조직은 어떤 의사결정을 내릴 때 여러 가지 대안 중 가장 합리적인 의사결정을 하려 하지만, 현실적으로 의사결정을 할

허버트 사이먼

때 모든 정보를 확보하고 분석하여 의사결정을 내리는 데에는 한계가 있을 수밖에 없다. 따라서 인간은 완벽하게 합리적인 의사결정을 내리는 것은 불가능하다고 보고 이를 '제한된 합리성'이라고 하였다.

개인이나 조직 모두 어떤 행동을 할 때 의사결정을 하게 되므로 경영학에서 의사결정은 중요하게 다루어야 할 주제라고 하였다.

🔍 상황이론

모든 상황에 딱 맞는 이론은 없다. 상황이론적 접근법은 1960년 초부터 시작되었는데, 모든 상황에 적합한 조직과 경영 기법의 존재 가능성에 의문을 제기하고 조직이 직면하는 과업과 성격에 따라 조직의 적합성 및 경영 기법이 변화해야 함을 강조한다.

오늘날의 조직은 과거보다 훨씬 다양하고 복잡한 환경 속에서 존재하기 때문에 조직을 운영하는 유일한 방법은 없으며 조직 규모, 사용 기술, 시장 상황에 따라 채택하는 전략이 달라야 하고 경영 방식도 달라야 한다는 이론이다.

이상으로 경영학이 발전해 온 전반적인 흐름을 살펴보았다. 다시 한 번 흐름을 정리해 보면 다음과 같다. 경영관리 관점에서 생산성과 효율성에 초점을 둔 고전경영학 이론, 인간관계와 조직행동에 중점을 둔 행동학적 경영이론, 조직의 상호의존성과 조직 상황을 강조한 현대경영이론으로 발전해 왔다.

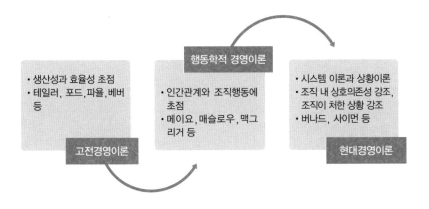

3부

폭력배도 조직이다!

처음 몇 명이 회사를 만들었다면 별 조직이 필요 없을 것이다. 맛나 치킨㈜도 마찬가지다. 본인이 대표라 하더라도 전단지도 붙이고, 수입 관리를 하면서 재료 주문도 할 것이다. 몇 명은 닭을 튀기고, 몇 명은 배달을 전담케 하면 대충 업무 분담이 끝난다. 제조 담당, 배달 담당 정도의 조직을 염두에 두고 나머지는 자신이 한다고 생각할 것이다.

하지만 맛나치킨㈜의 사업이 잘되어 인원이 500명으로 늘어났고 국내뿐 아니라 해외사업도 하고, 제품도 기존의 치킨에 오리, 꿩을 추가하여 취급하게 되고, 가정과 매점 방문 고객만 상대하다가 학교와 같은 대형 식당에 재료 공급 사업도 하게 되었다고 생각해 보자. 500명에게 어떻게 일을 분담하게 할 것이냐에 따라 업무의 효율성은 크게 달라질 것이다.

혼자 할 수 있는 일도 있지만, 여럿이 모여 어떤 일을 할 때는 조직을 만들어 일하는 게 더 효율적이다. 우리를 둘러싼 모든 조직체들은 내부 조직을 가지고 있다. 기업은 물론이고 동아리, 경로당, 동문회도 조직을 만들어서 일하고 심지어 조직폭력배들도 조직을 만들어 행동한다.

왜 조직을 만들어 일하는 게 더 효율적일까? 분업의 효과 때문이다. 분업(分業)이란 업무를 나눈다는 의미다. 영국의 정치경제학자인 애덤 스미스(Adam Smith, 1723~1790)는 그의 저서 『국부론』에서 한 사람이 전 과정을 맡아 옷핀을 만들면 혼자서 하루에 20여 개도 만들기 힘든데, 10명이서 18공정으로 나눠 일하면 4만 8천 개가 넘는 핀을 만들 수 있다며 분업의 효과를 말했다. 이런 분업의 효과는 일을 나눠서 얻는 효과다. 조직을 만드는 이유는 일을 나눠서 하기 위해서다.

하지만, 조직으로 일을 나누는 것이 그리 간단치는 않다. 한 사람이 일을 할 때는 혼자 계획을 세워서 분담하면 된다. 머리가 할 일, 손과 발이 할 일, 눈코입이 할 일이 서로 중복되지 않게 유기적으로 해낼 수 있다. 그런데 여러 사람이 모여서 일을 하면 한 사람이 일할 때처럼 잘 되지 않는다. 조직으로 나눠 일을 해서 시너지를 내려고 했던 것이 오히려 조직 간의 갈등을 유발하기도 하고 거대한 조직 속에 묻혀 무임승차하려는 사람들도 생겨나 역시너지를 일으키기도 한다. 그래서 조직 관리가 중요하다. 조직 관리의 핵심은 아무리 조직이 커져도 초창기 몇 명의 사람이 모여 일할 때처럼 모두 내 일처럼 느끼면서 일하게 만드는 것이다.

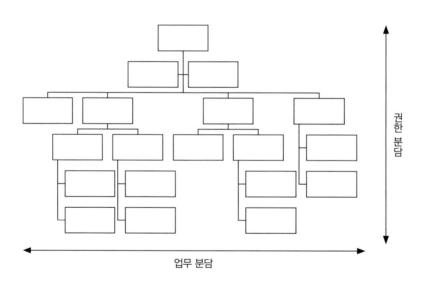

권한 분담

업무 분담

일반적인 조직도를 한번 생각해 보자. 수직으로는 위로 갈수록 권한이 많아지고 아래로 갈수록 권한이 적어진다. 수직으로는 권한을 분담하게 하고 좌우로는 업무를 분담하는 역할을 한다. 즉, 수직으로는 '통제 목적'으로 수평적으로는 '조정과 협력' 목적으로 조직이 설계된다고 할 수 있다.

수직적인 통제 관점에서 조직은 계층단계와 통제범위(Span of Control)를 생각해야 한다. '계층단계'는 사원-과장-부장-본부장-임원-사장처럼 의사결정 단계를 말하는데, 계층단계가 줄어드는 것을 조직이 수평화된다고 한다. '통제범위(Span of Control)'는 조직의 관리자가 관리할 수 있는 인원의 적정 범위를 말한다. 통제범위는 업무의 복잡 정도에 따라 다르지만, 상층부에서는 5~6인, 하층부에서는 20명 내외가 적합한 것으로 알려져 있다.

기능식 조직

    맛나치킨㈜을 생각해 보자. 맛나치킨㈜이 10명 규모의 조직이라면 10명이 함께 만들고 홍보하고 배달한다고 생각하면 우왕좌왕하게 될 것이 뻔하다. 여러분이 맛나치킨㈜ 사장이라면 어떻게 하겠는가? 3명 쯤에게는 닭을 튀기는 일만 맡기고, 2명에게는 매장 손님 관리, 2명은 배달, 2명은 영업을 위해 바깥에 전단지를 부착하고 주문을 받으러 다니게 하고, 자신은 수납을 담당하면서 직원 채용과 급여 그리고 구매 업무를 한다고 가정해 보자.

    이는 생산팀, 영업팀, 유통팀, 관리팀 등을 염두에 두고 일을 나눈 것이다. 이렇게 일의 기능에 따라 조직을 만들어 운영하는 것을 기능식 조직이라 한다. 처음 조직이 시작되면 대체로 이런 형태의 조직을 갖게 된다.

하룻밤 경영학

이렇게 기능별로 나누어 조직을 운영하는 가운데 사업 내용도 복잡해지고 인원도 더 많아졌다고 생각해 보자. 가령 맛나치킨㈜에서 치킨 요리뿐 아니라 오리 요리와 꿩 요리도 취급하게 되고, 이제 서울 지역에만 공급하는 것이 아니라 전국 각지로 공급하게 되어 회사 인원이 500명 규모로 증가하였다고 가정해서 기능식 조직을 그려 보자. 그러면 다음과 같은 조직이 될 것이다.

조직은 부 조직으로 커지고 그 아래 팀 조직이 생겼다. 팀 조직에서 제품(닭, 오리, 꿩)과 지역(서울, 지방)을 적당하게 나눠 업무를 분담케 하면 될 것이다. 이렇게 조직을 운영했을 때 어떤 장단점을 있을까?

장점은 기능별로 조직이 구성되니 업무의 전문성이 높아지고, 기능별로 관리자를 두니 관리자가 많이 필요하지 않다는 장점이 있다. 그러나 기능별로 업무 협조를 받아야 하니 업무 계통이 복잡하고, 실적에 대한 책임이 명확하지 않다. 그래서 실적이 저조하게 되면 빨리 구매해 주지 않아서, 빨리 생산해 주지 않아서, 빨리 채용해 주지 않아서 등 서로 다른 기능부서의 문제로 돌리게 된다. 이런 문제점을 해결하기 위해 등장한 조직이 사업부제 조직이다.

사업부제 조직

사업부제 조직은 표에서와 같이 사업부별로 책임을 맡긴다. 맛나치킨㈜이라면 닭사업부, 오리사업부, 꿩사업부로 나눠서 조직을 관리한다. 제품별로 나누고 그 아래 필요한 기능조직을 갖게 한다. 이렇게 나누는 것을 제품별 사업부제라 한다. 제품별로 나눴기 때문이다.

지역별로도 나눌 수 있을 것이다. 서울사업부, 경기사업부, 경상사업부와 같은 형태로 나눈다면 지역별로 나눈 사업부제가 된다.

사업부제-제품별

또한 고객별로도 나눌 수 있다. 맛나치킨㈜의 고객 가운데 가정이나 개인 대상 고객도 있지만, 공장이나 학교 등의 급식업체와 같은 기업 대상 고객도 있을 것이다. 이를 가정고객사업부와 기업고객사업부로 나눴다면 고객별 사업부제가 된다. 이것을 혼용할 수도 있을 것이다. 사업부제 조직으로 운영하면 어떤 장단점이 있을까?

사업부제-지역별

사업부제 조직의 기원은 일본 경영의 신이라 칭송받는 마스시타 고노스케(1894~1989)에서 찾는다. 고노스케는 전자제품 내셔널, 파나소닉이란 브랜드로 익숙한 세계 최대 규모의 가전 기업인 일본 마츠시타 전기의 창업자로, 사람 중시의 경영으로 일본인들에게 경영의 신으로 추앙받는 인물이다. 그가 불우한 어린 시절을 보내고 조그만 목돈을 마련하여 창업하여 현재 우리나라의 삼성 규모의 기업을 일군 후 성공 비결을 묻는 사람들에게 한 얘기는 후세에 큰 교훈이 되고 있다.

"하나님은 내게 세 가지 큰 은혜를 주셨다. 그것은 가난, 허약, 무지인데, 가난했기 때문에 여러 일을 하면서 많은 경험을 쌓을 수 있었고,

허약했기 때문에 건강을 챙길 수 있었고, 무지했기 때문에 세상 사람들을 스승으로 삼아 많이 배울 수 있었다."

사업부제–고객+지역별

실제 마츠시타는 조직이 확장되는 동안 건강 문제로 모든 사업을 챙기는 것이 힘들어지자 사업별로 부하에게 업무를 맡기면서 책임과 권한을 갖고 일하게 만들었는데, 이것이 사업부제 조직의 시초가 되었다 한다.

사업부제 조직의 특징은 각 사업부가 독립적으로 그 사업에 필요한 생산 판매 조직을 갖고 각 사업부의 책임과 권한하에 이익과 손해를 회사 전체의 이익과

마스시타 고노스케

하룻밤 경영학

손해에서 분리해서 결산하는 독립채산제(獨立採算制)로 운영한다. 그래서 책임을 명확하게 할 수 있으며 이익에 집중할 수 있고 사업부 간 경쟁을 유도할 수 있다는 장점이 있지만, 각 사업부별로 별도의 기능 조직을 가져야 하므로 조직 중복으로 인한 자원 낭비와 과도한 경쟁으로 인한 부작용이 생길 수 있는 조직이다. 현대의 대부분 회사는 사업부제 조직을 채택하고 있다.

라인 스태프 조직

앞의 사업부 조직에서의 문제점 중 하나가 각 사업부별로 동일한 기능을 갖추다 보니 자원의 중복으로 비효율적인 부분이 있다는 점이다.

동일한 기능 중에 회사의 사업 수행과 직접적인 관련이 없는 지원과 보좌 성격을 갖는 부서들, 예를 들면 기획, 인사, 재무, 홍보와 같은 부서들은 사업부에서 빼내어 사장이나 부서장 밑으로 두는 형태를 스태프 조직이라 하고, 회사 사업과 직접적으로 관련이 있는 사업부 조직은 라인 조직이라 한다.

그림에서 음영으로 된 기획팀, 광고홍보팀, 인사팀이 스태프 조직이고 가정고객본부장 아래에 있는 영업기획팀도 스태프 조직으로 구성되어 있다. 나머지 조직은 라인 조직이다. 대부분의 사업부제 조직은 이처럼 라인 스태프 조직 형태를 갖추고 있다.

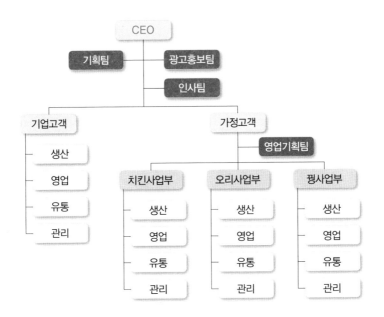

매트릭스 조직

　매트릭스의 여러 뜻이 있지만 조직에서 매트릭스는 행렬(行列)을 의미한다. 행과 열은 가로와 세로를 의미하고 바둑판 모양을 떠올리면 된다. 조직을 매트릭스처럼 만들어 운영하는 것이다.

　다시 사업부제 조직의 장단점을 다시 생각해 보자. 사업부제 조직이 경쟁을 유발시키고 책임과 권한을 명확히 하는 장점이 있지만, 같은 조직을 사업부마다 만들어야 하는 자원 중복의 단점이 있다고 했다. 이런 단점을 해소할 수 있는 조직 형태가 바로 매트릭스 조직이다.

　매트릭스 조직은 사업부제 조직 형태의 제품/지역/고객별 사업부제 조직을 가로와 세로로 엮어서 운영할 수도 있고 기능식 조직과 사업부제 조직을 가로와 세로로 엮어 운영할 수도 있다. 그림에서 보듯 그림 A는 사업부와 기능식 조직의 매트릭스 조직이고, 그림 B는 사업부제 조직의 제품 관점 사업부와 지역 관점 사업부 조직을 가로세로로 엮어서 운영하는 형태다.

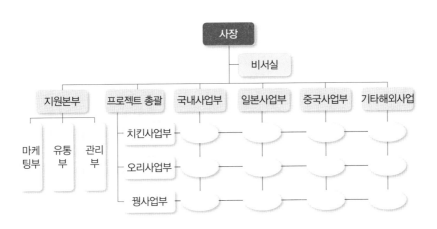

매트릭스 조직은 자원을 효율적으로 활용하고 고객의 다양한 요구
에 신속하게 대응할 수 있는 장점이 있지만, 상사가 2명이 되어 명령

보고체계가 명확하지 않을 수 있고, 구성원의 시간 배분과 평가에서 문제점이 생길 수 있다. 2상사로 인해 충돌이 일어나는 경우에는 프로젝트나 사업을 맡은 조직장이 우선권을 갖는다.

매트릭스 조직이 원활하게 운영되기 위해서는 구성원 각자가 자기 분야에 전문가가 되어야 하고 구성원 간의 원활한 의사소통이 중요한데 외국계 컨설팅 조직에서 주로 활용하는 조직 형태이다. 컨설팅 회사에서 프로젝트를 수주하게 되면 회사의 각 기능 조직과 매트릭스 형태로 연결되어 프로젝트가 수행된다.

SBU 조직

　사업부 조직에서 한 단계 더 나아간 조직으로 SBU 조직을 들 수 있다. SBU(Strategic Business Unit)는 전략적 사업단위로 번역되는데, 사업부 조직을 전략적 관점에서 만들었다는 의미다. 맛나치킨㈜의 예를 들어 보자.

　맛나치킨㈜의 세 사업부가 닭사업부, 오리사업부, 꿩사업부로 사업부별로 선의의 경쟁을 하면서 운영하고 있는데, 사람들에게 오리고기가 건강에 좋다는 게 알려지면서 오리고기 중심의 거대한 기업인 맛나덕㈜이 출현하여 대대적으로 시장 진입을 하고 있다고 가정하자. 맛나덕㈜에서는 오리사업부를 메인으로 하면서 전통적인 닭사업부의 지원을 받으면서 시장을 잠식하고 있으나, 맛나치킨㈜은 세 사업부가 균형을 이루어 각자 목소리를 내는 동안 시장에서는 오리 부분을 집중으로 한 경쟁사에게 고객을 잃어버리고 있는 상황이라면?

　맛나치킨은 기존 사업부 체제를 유지할 것이 아니라 닭사업부와 오리사업부를 합쳐서 하나의 전략사업 단위를 구성해서 대응하는 편이

나을 것이다. 이렇게 전략적으로 사업단위를 만들어 대응하는 조직을 전략적 사업단위, SBU 조직이라 한다. 따라서 SBU 조직은 '독자적인 마케팅 전략이 필요한 사업을 묶어 하나로 만든 조직'이라 정의한다.

사업부제와 비슷하지만, 조직을 나누는 기준이 사업이 아니라 '전략' 인 셈이다. SBU 조직은 세계적인 컨설팅업체[1]인 보스톤컨설팅그룹에 서 개발한 조직인데, 1970년대 미국 제조업을 대변해 온 GE[2](제너럴일 렉트릭)가 도입하면서 유명해졌다고 한다. SBU는 사업부제보다 더 독 립된 회사 형태로 운영되어 책임경영을 추구할 수 있는 조직이다. 여러 분 주위에 SBU장이라는 타이틀을 가진 명함을 제시하는 분이 있다면 기업의 사장 수준의 위치를 가진 분으로 생각하면 되겠다.

---

1   경영 자문을 하는 회사다. 세계적인 컨설팅업체로는 베인앤컴퍼니, 맥킨지, AT커니, 보스톤컨설팅과 같은 업체들이 있고, 국내에는 네모파트너즈, 삼일회계법인 등이 있다.

2   GE : 1878년 에디슨이 설립한 회사. 발전, 항공기, 엔진, 에너지, 가전 등을 주력으로 하여 한때 직 원이 70만 명이나 되었던 자동차 회사 GM과 함께 제조업시대 최고의 기업이었다.

SBU 조직은 사업부제 조직의 장점을 가지면서 사업부제 조직의 단점으로 언급되었던 조직 내 자원 배분의 비효율적인 측면을 보완할 수 있는 조직이다.

관료제와 팀 조직

"기업은 덜 집중화되고 덜 관료화되며 덜 수직화된 형태로 변화해야 한다. 정부의 개혁이 필수적이다. 유연하고 수평적인 조직으로 탈바꿈할 필요가 있다."

이 말은 『제3의 물결』, 『부의 미래』, 『권력이동』으로 잘 알려진 미래학자 앨빈 토플러(1928~2016)가 2001년 IMF 전후의 한국 정부를 진단하고 김대중 정부에 전했던 메시지다.

인류는 농경사회를 거쳐 산업사회로 진입하면서 현대의 조직 개념이 생겼다. 산업사회 조직 중 가장 발달한 조직 형태로 대규모 조직을 가장 합리적으로 관리할 수 있는 조직 형태가 앞에서 언급한 바 있는 막스 베버(1864~1920) 관료제 조직이다. 막스 베버는 "관료제를 인류가 창출한 가장 합리적인 사회 조직의 모습으로 근대 산업사회가 되면서 사회 조직은 점점 더 관료 조직화되어 간다."고 하였다.

관료제 조직은 정점에 최고의사결정권자를 중심으로 말단 직원까지 피라미드 형태로 구성된 조직이다. 조직의 위쪽으로 갈수록 권한과 책

하룻밤 경영학

임이 증가한다. 아래쪽으로 갈수록 인원이 많아진다. 당시에는 몇 가지 품종을 대량으로 찍어 내는 소품종 대량생산시대이므로 조직 하부를 구성하고 있는 사람들의 생각은 중요치 않다. 위에서 결정하면 아래에서는 그 명령을 따르는 상명하복(上命下服)이 중요하다. 관료제 조직은 조직을 일사분란하게 움직이기 좋고 효율을 추구할 때 유리하다. 지금도 여전히 대부분의 조직에서 관료제 조직의 기본 틀을 적용하고 있는데, 특히 공무원 조직이나 군대 조직과 같이 명령과 지휘 통제가 중요한 조직에서 채택하고 있다고 하였다.

이런 장점에도 불구하고 관료제란 말을 들으면 부정적인 느낌이 든다. 관료제가 심화되면 조직이 경직되어 비민주화 성격을 갖게 돼 개인의 자율성과 창의성이 존중되기 어려워지기 때문이다. 또한 관료제 조직은 절차와 규칙이 중요시되므로 개인의 다양한 생각이 조직에 반영되기 어렵다.

정보화 사회로 진입하면서 탈관료제 조직 현상이 일어나고 있다. 정보화 사회는 컴퓨터의 발달로 다품종 소량생산에서 다품종 대량생산이 가능한 시대가 되었다. 자동차 모델을 생각해 보면 이해할 수 있을 것이다. 과거 자동차의 색상과 종류를 현재와 비교해 보면, 과거는 몇 개의 품목과 몇 개의 색상으로 대량생산을 했지만 지금은 자동차의 모델과 색상도 다양해졌을 뿐 아니라 특정 모델에 대해서도 고객의 희망 옵션대로 자동차를 생산할 수 있게 되었다.

이런 정보화 사회에서는 개개인의 자율성과 창의성이 중요해진다. 고객의 다양한 욕구를 충족하기 위해서다. 관료제 조직 형태로는 구성원의 아이디어가 수직화되어 있는 조직의 최상층 의사결정권자에게까지 이르기 힘들다. 계층이 줄어 수평화된 팀형 조직이 유리하다.

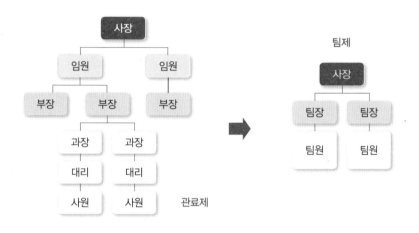

관료제 조직에서 상층부에 있는 관리자들은 사고와 기획을 담당하고 하위층 실무자들은 실행만을 담당한다. 팀형 조직에서는 상하조직계층이 3~4단계(실무자-결재자-확인자)로 줄어들면서 팀원들도 함께 생각하고 계획하고 실행까지 하는 조직으로 바뀐다. 그래서 온 구성원의 창의성과 아이디어가 발현될 수 있다.

이처럼 최근의 조직들은 중간관리자 계층을 거의 두지 않는 것이 특징이다. 이렇게 조직을 수평화함으로써 의사결정을 빠르게 하고 조직이 경직화되는 것을 피할 수 있다. 네트워크형 조직, 아메바 조직과 같은 조직도 이런 흐름 속에 생겨난 조직 형태다. 그렇지만 수시로 생겼다가 사라지는 조직 속에서 개인의 불안감이 커지고 공동작업으로 인해 업무 경계가 모호한 부분이 문제점이 되고 있다.

사내벤처 조직과 태스크포스

소사장제도, 사내벤처제도로 운영되는 조직이 있다. 회사 내에 조그만 형태의 회사를 만들어 운영하는 조직이다.

회사 내 각 조직의 구성원들은 자신이 속한 조직 목표를 달성하기 위해 다른 일을 할 여유가 없다. 자신이 속한 조직의 목표 달성만 하더라도 빠듯하기 때문이다. 그런데, 현재 하고 있는 일만 열심히 하면 회사는 미래에도 문제가 없을까? 그렇지 않다. 시시각각으로 변하는 기술과 고객의 니즈에 제대로 대처하지 못하면 금세 회사는 도태하고 만다.

만약, 1990년쯤 인터넷이 막 도입되었을 때, 맛나치킨㈜에서 어떤 직원이 앞으로는 인터넷상으로 물품 거래가 이루어질 것이라며 인터넷쇼핑 사업을 하면 좋겠다는 아이디어를 가져왔다고 가정해 보자. 지금이야 인터넷으로 물건을 사고파는 게 일상이 되었지만 당시만 하더라도 '어떻게 물건을 직접 보지 않고 거래를 할 수 있는가?'라는 시각이 더 많았다.

그러면 이 일을 누구에게 맡길 것인가? 각 사업부장(닭, 꿩, 오리)은

폭력배도 조직이다!

자신의 사업부 업무를 하기도 바쁘고 자신의 사업부 직원에게 새로운 일을 시킬 여유가 없다. 그리고 당장 이익이 나지 않는 사업을 떠맡아 자신이 속한 사업부가 손해 볼 일을 하지 않을 것이다.

이런 문제점을 해결하기 위해 만든 기업 내 제도들이 소사장제도, 프로젝트팀제도, 사내벤처제도와 같은 것들이다. 소사장이나 사내벤처제도에서는 기존의 사업부에서 별도의 독립된 미니 조직을 만들어 해당 조직에 발령 낸 구성원이 미니조직의 소사장이 되어 독립적으로 사업을 수행하게 하는 제도다.

그렇게 시작한 해당 사업이 성공하면 정규사업부 조직을 만들어 운영하거나 별도의 회사로 독립시키게 된다. 거대한 그룹으로 성장한 인터파크그룹은 당시 데이콤(LG데이콤을 거쳐 LG유플러스)이란 큰 조직에서 2명이 소사장으로 출발하여 성장한 조직이다. 중고자동차 쇼핑몰인 SK엔카는 SK㈜ 사내벤처에서, 국내 최대의 포탈인 네이버는 삼성SDS 사내벤처로 출발한 회사들이다.

태스크포스(TF, Task Force)팀 조직을 이용하는 방법도 있다. 마치 군대에서 특수한 임무를 수행하기 위해 인원을 차출하듯이 각 사업부와 스태프 조직에서 인원을 선발하여 별도의 임시 조직을 만들어 새로운 사업을 추진하는 조직이다. 태스크포스 조직은 앞의 소사장이나 사내벤처 조직에 비해서 어느 정도 사업화를 하기로 결정된 상태에서 해당 사업을 준비하여 나중에 정규 사업화를 하기 위한 전 단계로 활용하는 경우가 많다.

비공식 조직

　지금까지 다룬 조직은 모두 공식 조직으로, 그 조직체에서 공식적으로 만들어진 조직이다. 반면에 조직에는 공식조직 외에도 비공식적으로 생겨난 조직이 있는데 이를 비공식 조직이라 한다. 가끔 조직 주도로 만들어지는 비공식 조직도 있긴 하지만, 대부분 조직의 의도와 무관하게 구성원들이 자발적으로 만든 조직이다. 동문회 조직, 낚시나 바둑 동호회 조직, 동향끼리 모이는 향우회 조직과 같은 것을 들 수 있다.

　이러한 비공식 조직도 조직 운영에 큰 역할을 한다. 앞서 호손공장 실험에서도 확인되었듯이 사람들은 공식적인 만남보다 자신의 가치관, 흥미, 관심사가 비슷한 사람끼리의 모임인 비공식 만남에서 더 마음을 터놓고 얘기하는 경우가 많기 때문이다.

　비공식 조직은 구성원 개개인에게도 중요할 뿐 아니라 조직 차원에서도 구성원들의 사기진작에 도움이 되기도 한다. 일의 대부분은 다른 부서와의 협조로 이루어진다. 이때 공식적인 라인에서는 잘 안 풀리는 일도 비공식적인 인맥을 통해서 일을 처리하면 쉽게 풀리는 경우가 많다. 회사에서도 이러한 비공식 조직을 활성화해서 조직 운영에 도움을 받는다. 가령, 연극이나 영화 동아리를 만들도록 유도하고 일정의 운영비를 지원함으로써 구성원들 간의 소통에 도움이 되도록 한다.

공식조직과 비공식조직

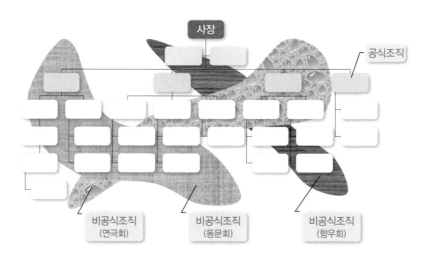

하지만, 비공식 조직의 문제점도 있다. 비공식 조직이 오히려 공식적인 정보 흐름을 방해하고 파벌을 형성하여 집단행동을 일으키는 원인이 되기도 하기 때문에 적절하게 운영되도록 하여야 한다.

조직과 권한위임

조직을 만드는 이유는 수평으로는 업무를 분담하기 위해서이고 수직으로는 권한을 분담하기 위해서다. 조직의 꼭대기에 있는 사람이 의사결정의 모든 권한을 가지게 되면 굳이 조직을 만들어 운영할 필요가 없을 것이다.

고객은 피라미드상의 상층부에 있는 중역들을 만나지 않는다. 고객이 만나는 사람은 회사의 하층부를 구성하는 담당자들이다. 고객서비스는 고객과 직접 만나는 사람(이를 고객접점이라고 함)의 행동에 의해 결정된다.

여러분들이 항공사 서비스를 받을 때 그 항공사의 사장이 누군지는 모른다. 그 항공사의 서비스는 비행기 예약에서부터 티케팅을 하고 짐을 보내고 체크인해서 기내에서 자리를 찾고 비행 중 기내 서비스를 받으며 착륙 후 내려 짐을 찾고 공항을 떠나는 과정에서 만나는 그 항공사의 직원들이나 승무원의 서비스에 의해서 결정된다.

그런데, 그런 서비스를 받는 과정에서 어떤 문제점이 발생했을 때 그 문제점을 해결하기 위해 모든 일에 대해서 최고 책임자인 항공사 사장의 결재를 받아야 한다면? 생각만 해도 끔찍할 뿐 아니라 다시는 그 항공사를 이용하지 않게 될 것이다. 고객과 관련한 서비스와 문제점에 대한 해결 권한은 현장 관리자 또는 승무원에게 내려가 있어야 고객의 불편을 최소화하고 고객의 만족을 이끌어 낼 수 있을 것이다. 조직이 커질수록 권한위임이 체계적으로 이루어져 있지 않으면 고객서비스는 하락한다.

권한위임을 통해 고객과의 접점에서의 고객서비스가 중요함을 강조하는 MOT라는 개념이 있다. MOT(Moment Of Truth)는 진실의 순간으로 고객만족 서비스를 결정하는 '결정적 순간'을 의미한다. MOT는 스웨덴 스톡홀름대학의 리처드 노만(Richard Norman) 교수가 제시한 개념으로, 비즈니스에서 고객이 조직의 어떤 부분과 접촉하는 순간 조직이 제공하는 서비스의 품질과 인상을 받게 되는데 그 순간을 '결정적 순간(MOT)'이라고 한다.

스페인에서 투우가 시작되면 24시간 동안 어둠에 갇혀 굶고 있던 소가 광란의 질주를 할 때 보조투우사는 흥분한 소의 등에 작살을 꽂아 더욱 화나게 만들어 메인 투우사를 항해 달려가게 만든다. 이때 붉은 망토를 든 메인투우사는 성난 소와 맞선 결

투우사의 결정적 순간

하룻밤 경영학

정적 순간(MOT, moment of truth)에 소의 급소를 항해 창을 던져 소의 목숨을 끊음으로서 경기를 끝내게 된다. 투우할 때 쓰인 그 결정적인 순간처럼 고객을 만나는 그 접점을 놓쳐 버리면 고객을 잃어버리게 됨을 말한다.

그런 결정적인 순간에 메인투우사에게 창을 던질 수 있는 권한이 없다면 그는 죽은 목숨이 될 것이다. 기업도 마찬가지다. 고객을 만나는 현장 접점에 고객의 불만을 해소할 수 있는 권한이 주어져야 한다. 그래서 거대한 조직일수록 현장으로의 권한위임이 중요하다.

4부

인사가 만사

기업에서 인사관리가 중요한 이유는 기업 운영을 구성하는 세 가지 자원 중 하나이기 때문이다. 인적 자원, 물적 자원, 기술 자원이 3대 자원인데, 다른 말로 하면 사람, 돈, 기술이다. 이 중 사람을 관리하는 영역이 인사관리에 해당하며, '인적자원경영', '인적자원관리'라고도 한다.

기업경영에서 사람이 중요할까, 시스템이 중요할까? 아무리 좋은 시스템을 갖추고 있더라도 운영하는 사람이 망칠 수 있기 때문에 사람이 중요하다고 하는 사람도 있고, 사람은 자꾸 바뀌는 것이니 누가 오더라도 제대로 작동할 수 있는 시스템이 중요하다는 사람도 있다. 여러분의 생각은 어떤가?

모든 경우의 수에 대비한 제도를 마련하여 일관되고 안정적으로 운영될 수 있는 시스템 장치를 마련하는 것이 지속 가능한 기업경영을 위해 필수적인 것임에 틀림없지만 사실상 불가능하다고 볼 수 있다. 그럼에도 올바른 시스템을 갖추는 일이 중요하다. 시스템을 어떻게 갖추느냐에 따라 어느 정도는 조직 구성원의 행동을 조직이 원하는 방향으로 이끌 수 있기 때문이다.

따라서 조직 구성원이 최대한 보람을 느끼며 자신의 역량을 발휘할 수 있도록 동기 부여할 수 있는 시스템을 마련하는 것이 중요하다. 좋은 인사 시스템과 좋은 사람이 결합될 때 가장 효과적인 결과를 얻을 수 있다. 적합한 사람을 선발하여 좋은 인사 시스템을 적용하여 최대의 효과를 내는 것이 인사관리의 목적이다.

인사관리 활동에는 어떤 것이 있을까? 최근 인사관리를 인적자원관리로 인식하는 경향에 따르면 '관리활동'은 'HRM(Human Resource

Management)'으로 '개발활동'은 'HRD(Human Resource Development)'라 칭해지기도 하는데, 기업 조직에서 보면 인사관리의 인사팀과 교육훈련의 교육팀 간 역할 구분의 기준이 된다.

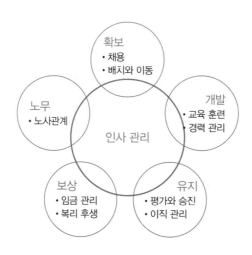

좀 더 세분화하면, 사람을 어떻게 뽑을 건지(인력 확보), 뽑은 인력을 어떻게 육성할지(인력 개발), 활용한 인력을 어떻게 보상할지(보상관리), 어떻게 인력의 사기를 유지하고 목표 달성에 매진하게 할지(인력 유지), 회사를 그만두는 사람을 어떻게 관리할지(퇴직관리)와 같은 일들을 위해 회사에서는 채용, 교육훈련, 평가, 승진, 노무, 복리, 급여, 퇴직 등의 직무로 나누어 직원을 관리한다.

여기서는 조직에서 직접적으로 적용받게 되는 인사등급제도, 보상제도, 평가제도와 근무시간제도에 대해서 알아보고, 마지막으로 리더십 이론에 대해서 살펴볼 것이다.

직위, 직급, 직책

한 번쯤은 들어 보았지만 구분하기는 쉽지 않을 것이다. 이 셋은 조직에서 상하를 구분하기 위해 만들어 놓은 제도다. 이것을 인사등급제도라고 하는데 등급을 구분하기 위해 사용되는 단어들이다. 하나씩 살펴보자.

직위(職位)는 위치를 말한다. 조직에서 자신의 위치를 나타낸다. 기업에서는 대리, 과장, 차장, 부장, 상무, 부사장, 사장과 같은 명칭으로되어 있는 것이 직위다. 공무원 신분이라면 서기, 주사, 사무관, 서기관, 이사관과 같은 명칭이 바로 직위다. 다음에 설명하는 직급의 명칭이라고 보면 된다. 그래서 직위와 직급을 혼용해서 사용하기도 한다.

직급(職級)은 계단을 나타내는 '급(級)'을 사용하였는데 대부분 1급, 2급, 3급 등과 같이 숫자로 되어 있다. 공무원은 1급이 제일 높고 9급이가장 낮은 직급이다. 반면에 기업에서는 거꾸로 높은 숫자인 7급이 가장 높은 곳도 있고 공무원처럼 1급이 가장 높은 곳도 있다. 직위와 직급을 합쳐서 불러 보면 이렇게 된다. 7급 사원, 5급 과장, 2급 부장과 같은 식이다. 공무원은 6급 주사, 5급 사무관, 4급 서기관과 같이 부른다.

마지막으로 직책(職責)은 책임을 맡는 자리를 말한다. 팀장, 실장, 본부장, 센터장과 같은 자리를 직책이라고 한다. 과나 부와 같이 전통적인 조직명을 갖는 경우에는 과장, 부장의 직책도 있지만 팀제 구조로 바뀌면서 많이 사라졌다. 이렇게 장(長) 자리를 맡기는 것을 보임(補任)이라고 하며 그 반대의 경우를 해임(解任)이라고 한다.

직급	직위	직책		
임원	사장	본부장		
임원	부사장	본부장		
임원	전무	본부장		
임원	상무	본부장		
1급	부장		사업부장	
2급	차장		사업부장	팀장
3급	과장		사업부장	팀장
4급	대리			팀장
5급	사원			팀장

승진은 보임이 되거나 직위 또는 직책이 올라가는 것을 말한다. 기업에서 직위가 상승하거나 직책을 맡게 되면 권한과 책임이 넓어지고 그에 따른 보상이 상승하기 때문에 승진이라고 한다.

자, 이제 어떤 사람이 소개를 하는데 명함에 이렇게 쓰여 있었다고 가정해 보자.

"㈜한화 디지털 마케팅팀, 부장, 김경영"

"㈜캡스 법인영업팀, 팀장 김경제"

그러면 김경영 씨는 직책이 없는 디지털 마케팅의 팀원이고 직위는 부장이 된다. 한편 김경제 씨의 직책은 법인영업팀의 팀장인데 김 팀장의 직위와 직급은 이 명함만으로는 알 수 없다. 이렇게 대부분 직장인들의 명함에는 책임을 맡은 직책이 있는 경우에는 직책을 표시하고, 직책이 없는 경우에는 직위를 기록하고 있다. 이런 경우도 있다.

"㈜LG전자 비서팀장 사장 김비서"

김비서 씨는 비서팀이라는 조직의 팀장이지만 회사에서 직위는 사장에 해당하는 사람이기 때문에 자신의 직책과 직위명을 같이 적기도 한다. 명함을 작성하는 데는 절대적인 기준이 있는 것이 아니고 회사 내에서 자신의 역할과 위치를 잘 드러낼 수 있는 방법으로 기록하면 된다. 심지어는 조직 목적상 거짓 명함을 용인하기도 한다. 사원급인 직원이라 하더라도 영업을 하거나 대리점을 관리하는 경우에는 상대방으로부터 무시당하지 않도록 하기 위해 직급을 높이거나 직책을 기록하여 사용하기도 한다.

뉴스에 심심찮게 나오는 등급제도 관련 뉴스로 직급파괴란 말이 있다. 직급을 파괴한다는 말은 직급 단계를 줄이겠다는 의미인데, 직급에 대한 호칭도 과거에는 단계별로 구분되어 있었으나 그것을 없애겠다는 의미다. 왜 이런 현상이 생길까?

직급단계는 돈을 의미했다. 직급단계가 높아지면 그만큼 조직으로부터 받는 급여 수준이 달라지는데, 연봉제가 본격적으로 도입되면서 상하간의 연봉 수준은 직급보다는 능력 수준에 따라 달라지게 되었다. 낮은 직위가 높은 직위보다 더 많은 연봉을 받는 경우가 흔해진 것이다. 그리고 직급단계를 유지했던 가장 큰 이유 중 하나가 직급단계를 감안해서 조직의 책임을 맡기는 보임을 한 것이었는데(예, 팀장은 과장급 이상, 실장은 부장급 이상 임명), 그 원칙이 무너지기 시작했다. 낮은 직위라 하더라도 조직 관리 능력이 있다면 팀장, 실장, 본부장의 직책을 맡기게 된 것이다.

대기업 직급 파괴 바람

[서울=뉴시스] 이연춘 기자 = 전자업계에 '직급 파괴 바람이 거세게 불고 있다.

삼성전자가 지난 3월부터 기존 7단계 직급을 4단계로 줄이고 임직원 간 공통 호칭을 '님'으로 통일한 데 이어 다음 달 1일부터 LG전자도 직급 체계를 개편한다.

직급 단순화의 명분은 보고 체계를 간소화해 업무 효율성을 높이고, 수평적인 소통으로 창의적인 아이디어를 발굴하겠다는 의도로 읽힌다.

25일 재계에 따르면 LG전자는 7월부터 현재 5단계인 사무직 직급을 3단계로 단순화한다. 사원 직급만 기존과 같고 대리 과장은 '선임'으로, 차장·부장은 '책임'으로 통합한다.

이렇게 직위·직급 제도를 지탱해 온 보상 원칙과 보임 원칙이 깨지면서 잘게 나눠진 직위·직급제도는 오히려 조직 운영에 방해 요인이 되어 버린 것이다. 가령, 능력이 있는 직원을 보임하고 높은 연봉을 지급하고 싶어도, 그럴 경우 상대적으로 높은 직위·직급을 가진 조직원들의 불만을 감수해야 하기 때문이다.

그리고 점점 더 창의성과 자율성이 중요시되는 조직 분위기와도 관련되어 있다. 과거 대량생산 시대 상하 관계가 뚜렷한 피라미드 조직에서는 상위 직급에서 주로 머리 쓰는 일을 하고 아래 직급에서는 수동적으로 주어진 일만 하도록 되어 있었지만, 지금은 아래 위 할 것 없이 모든 구성원의 자발적인 역량이 극대화되어야 하는 시대가 되었으므로 능력에 따라 처우가 이루어져야 하는 조직으로 바뀌었기 때문이다.

그래서 과거 사원, 대리, 과장, 차장, 부장, 상무, 전무, 부사장, 사장과 같이 많은 단계로 되어 있는 직급을 3~4단계로 줄이고, 호칭도 직책을 가지지 않은 사람들끼리는 매니저, ~님, 파트너 등으로 하고, 직책 보직을 갖는 사람들만 팀장, 실장, 본부장으로 호칭하는 방식으로 바뀌고 있다.

인사등급제도

다음은 대표적인 인사등급제도에 대해서 알아보자.

앞에서 보았듯이 등급을 두는 이유는 보상 수준과 연결되어 있다. 일반적으로 개인이 회사에 들어가서 충성하는 가장 큰 이유 중 하나는 보상이라고 할 수 있다. 기업에서 운영되는 대표적인 보상에는 급여와 승진이 있는데 보상을 어떤 방식으로 하느냐 하는 것은 구성원들이 조직에서 어떻게 행동해야 한다는 메시지를 제시하는 것이 된다. 다시 말해서 어떠한 기준에 따라 승진과 보상 수준을 결정하는가에 따라 구성원들이 회사에 대해 갖게 되는 신뢰, 충성심 등에 큰 차이를 가져올 수 있는 것이다.

지금까지 현장에서 많이 활용되어 온 인사등급제도의 두 기준은 근무 연수와 직무 수준이다. 근무 연수는 근무한 햇수다. 오래 근무하여 나이가 많은 사람일수록 생활비가 더 필요하기 때문에 더 많이 보상하겠다는 것으로 흔히 익숙하게 들어 본 연공주의를 일컫는다. 또 하나는 직무, 즉 일의 복잡한 정도와 어려운 정도에 따라 보상하는 방법이다.

전자는 '직위등급제'라 하고 후자는 '직무등급제'라 한다.

직위등급제는 일본에서 발달한 시스템이고 직무등급제는 서구에서 발달한 시스템이다. 우리나라는 과거에는 직위등급제가 주류였으나 점차 직무등급제 요소가 반영되어 오늘에 이르고 있다.

우선, 직위등급제는 연차와 업적에 따라 등급(직위)과 처우를 올려 주는 시스템이다. 다시 말하면 조직에 오래 근무하는 것을 근간으로 능력과 실적을 반영해서 대우하는 시스템이다. 전통적인 회사의 직위등급제의 예를 들면, 운전 업무를 하는 직원이라 하더라도 기업에서 오래 근무하면 부장급 운전사원, 임원급 운전사원이 되어 보수도 직위에 걸맞게 높아지게 되었다. 일의 중요도보다는 근무 연수와 나이가 처우의 기준이 되기 때문에 그럴 수 있었다.

직위등급제를 채택한 회사의 경우 급여는 연차에 따라 상승하는 호봉제를 채택하고 직위는 근무연한, 실적, 승진시험 등으로 평가하여 상승한다. 이 시스템은 직원의 장기근속과 충성심을 유도할 수 있다는 장점이 있지만, 자리가 없으면 승진하지 못해 승진적체로 인해 조직이 정체되는 문제점과, 근무연한만 늘면 처우가 높아지므로 조직의 활력과 업무의 신속성이 떨어진다는 단점이 있다. 과거 일본의 종신고용제가 들어와서 정착된 시스템인데, 현재는 일부의 공공조직 또는 중소기업 등에서만 찾아볼 수 있다.

자리가 없어 승진 못한다는 의미는 직위와 직책을 연결하여 운영하기 때문에 생기는 현상인데, 예를 들어 인사과의 조직책임자는 3급에 해당하는 인사과장이라고 가정하면, 현재 인사과장이 승진하거나 이동하여 공석이 되지 않으면 그 인사과에서는 3급 직위 승진도 이루어질 수 없는 시스템이라는 뜻이다. 직위등급제에서는 공석이 일어날 때만 승진이 일어날 수 있게 되므로 승진정체가 일어나기 쉽다는 것이다.

이런 문제를 해결하기 위해 등장한 제도가 '직능자격제도'이다. 직능은 직무 능력을 의미한다. 직무 능력을 갖추면, 다시 말하면 위의 예에서 3급 수준의 직무 능력을 갖추면 과장이라는 조직책임자의 자리가 생기지 않더라도 3급으로 자격 승진을 할 수 있도록 만든 제도다.

이때 3급이 되는 사람은 3급 전문직이 되고, 과장이라는 직책을 갖는 사람은 관리직이라 해서 구분한다. 관리직은 자리가 있어야 승진할 수 있고, 전문직은 자리가 없어도 승진할 수 있도록 제도화한 것이다. 직능자격제도는 승진적체를 해결하고 능력 있는 직원들을 유지하는 데는 도움이 되지만 기본적인 제도의 틀이 직위등급제의 핵심인 연공서열에 의하므로 외부의 우수 인재를 영입하거나 역동적인 조직 운영에는 한계가 있는 제도다.

구분	직위(직급)등급제	직능자격제	직무등급제
직급 분류기준	• 연차 및 과거 업적	• 업무 숙련도	• 직무 중요도 및 난이도
장점	• 장기근속, 　충성도 유도	• 업무능력 개발을 위한 　동기부여 강화	• 동일 직무 동일 가치 • 직무전문가 확보 가능
단점	• 업무 신속성 저하 • 승진 적체	• 연공서열적 운용 • 우수인재 확보 어려움	• 한국 문화 이질성 • 직무 간 이동 어려움
관점	사람 중심	⟷	직무 중심

반면, 서구 기업 중심으로 발달한 직무등급제는 직무의 중요도와 난

이도에 따라 처우하는 시스템이다. 가령, 인사팀 업무에서 급여 정산과 인사전략직무를 보면, 매월 정기적으로 정해진 급여 지급 기준에 따라 직원들의 급여를 정산하여 지급하는 직무와, 회사의 사업 전략을 토대로 인력 확보 및 육성 정책은 물론 급여 수준을 비롯한 보상정책 전반에 대해 정책과 전략 수립을 담당하는 직무 간에는 합리적 관점에서 직무 수준의 차이가 인정된다. 이처럼 더 중요하고 난이도가 높은 직무에 대해서는 더 높은 처우를 하는 시스템이다. 보상은 직무(일) 종류별로 결정되므로 직무급이라 한다. 직무별 수준도 다르지만, 같은 직무라 하더라도 직무의 숙련도에 따라 처우가 달라진다. 운전 직무라 하더라도 숙련도에 따라 처우가 다르고, 마케팅기획직도 숙련 수준에 따라 연봉이 달라진다.

직무등급제에서는 직무 수준에 따라 등급이 정해진다. 1급이 가장 낮은 직급이고 7급이 가장 높은 직무이라고 가정할 때, 인사 업무 중에서 급여 직무는 1급 ~ 3급, 인사기획 직무는 3급 ~ 5급과 같은 식으로 정해 직무 수준에 따라 최하 등급과 최상의 등급이 달라지게 된다. 보상은 연봉제를 기본으로 한다. 직무별 숙련도에 따라 연봉 수준이 정해져 있으니 동일한 직무에 동일한 처우가 가능하다(직위등급제에서는 같은 직무라 하더라도 근속 연수에 따라 처우가 달라진다). 그래서 외부의 직무전문가를 활용하기 쉽고 젊고 유능한 직원들로 하여금 회사의 보상제도에 대한 공정성 인식 수준을 높여 장기근속을 유도하는 데 도움이 되기도 한다.

반면, 근무 연한이 많은 고참 직원을 존중하는 한국문화에 맞지 않고, 직무별로 처우 수준이 다르므로 다른 직무로의 이동 근무가 어렵다는 단점이 있다. 가령 같은 인사팀 내에서 근무하던 직원이라 하더라도 급여 업무를 하는 직원은 인사팀 내에서 상위 직무에 해당하는 인사기획 업무를 할 수 없다. 다른 직무이고 처우 수준도 다르기 때문이다. 반대도 마찬가지다. 인사기획 업무를 하는 직원을 급여 업무로 직무 전환할 수 없다. 직무에 따른 처우 수준이 다르기 때문이다.

직무등급제에서는 직위(직급)와 직책을 완전히 분리해서 운영한다. 이 말은 직위(직급)가 올라갔다고 반드시 책임을 맡는 보직을 갖는 것은 아니라는 뜻이다. 나이나 경력보다는 일을 잘하면서 조직과 사람을 잘 관리할 수 있는 사람을 조직의 책임자로 임명한다.

국가에서 주도하여 정착시키고 있는 NCS(국가직무능력표준)[1]는 직무등급제를 기반으로 하는 시스템으로 이해할 수 있다.

---

1 NCS(National Competency Standards) : 국가직무능력표준으로 산업현장에서 일을 위해 필요한 지식, 기술, 태도를 직무별로 표준화하여 정리한 시스템을 말한다.

호봉제와 연봉제

인사등급제에서 살펴보았듯이 직위등급제에는 호봉제, 직무등급제에는 연봉제가 주로 활용되고 있다. 지금은 직위등급제를 시행하고 있는 기업도 보상에 관해서는 연봉제 중심의 보상 시스템을 많이 도입하고 있는데, 이는 복잡한 수당과 함께 구성되어 있는 호봉제의 처우 항목을 단순화하기 위한 목적이 크다. 호봉제를 채택하고 있는 조직은 공무원, 군인 같은 공조직인 경우가 많은데, 실제 매년 발표되고 있는 공무원의 호봉제를 살펴보자.

표는 2019년 기준 일반 공무원의 호봉표다. 요즘 취업준비생의 40%가 공무원 시험을 준비하는 공시족이라고 하는데 9급 공무원으로 임용되면 처음 적용받는 호봉이 1,592,400원이다. 근무하는 햇수에 따라 1년에 1개 호봉씩 상승하게 된다. 상위 직위로 승진하게 되면 승진 전 호봉과 같은 수준의 호봉부터 다시 1호봉씩 상승하게 된다. 이것은 기본호봉표이고 실제 급여는 각종 수당(초과근무수당, 성과상여금, 가족수당, 정액급식비, 명절휴가비, 특수지수당 등)이 가산되어 지급된다. 조직에 들어가 평생 동안 받는 생애소득을 분석한 자료에 의하면 기업 평균보다 공무원의 총 급여 수준이 더 높고, 직업의 안정성까지 보장되므로 공무원에 대한 취업준비생들의 인기가 높은 것이라 판단된다.

2019년 일반공무원 호봉표

계급 호봉	1급	2급	3급	4급· 6등급	5급· 5등급	6급· 4등급	7급· 3등급	8급· 2등급	9급· 1등급
1	3,956,100	3,561,500	3,213,100	2,753,900	2,461,000	2,030,200	1,821,900	1,624,400	1,592,400
2	4,094,800	3,693,600	3,332,100	2,866,400	2,560,500	2,124,600	1,905,000	1,703,300	1,614,300
3	4,237,000	3,827,500	3,454,500	2,980,700	2,663,700	2,222,100	1,993,000	1,786,500	1,650,800
4	4,382,400	3,962,700	3,577,800	3,097,600	2,771,000	2,321,700	2,085,500	1,871,400	1,701,900
5	4,531,300	4,099,700	3,703,100	3,216,200	2,881,100	2,424,200	2,181,200	1,959,700	1,767,600
6	4,682,000	4,236,900	3,829,700	3,335,900	2,993,400	2,529,600	2,279,300	2,050,200	1,850,200
23	6,798,400	6,154,300	5,580,500	4,932,700	4,491,100	3,884,200	3,525,700	3,178,400	2,905,200
24		6,204,000	5,635,500	4,985,200	4,541,600	3,932,700	3,572,500	3,222,700	2,947,300
25		6,251,500	5,680,800	5,033,300	4,589,500	3,978,900	3,616,700	3,264,700	2,987,500
26			5,723,900	5,074,000	4,634,500	4,022,400	3,659,100	3,305,500	3,023,800
27			5,764,000	5,111,600	4,671,800	4,063,800	3,695,000	3,339,400	3,055,000
28				5,147,500	4,707,700	4,098,500	3,728,300	3,372,100	3,085,200
29					4,740,700	4,131,100	3,760,700	3,403,000	3,114,200
30					4,772,700	4,163,200	3,791,500	3,433,000	3,142,400
31						4,192,900	3,820,500	3,462,100	3,170,100
32						4,221,000			

그런데 최근 들어 사기업은 물론이고 공무원을 비롯한 공기업 조직에서도 연공주의적 성격이 강한 호봉제를 대신하여 성과와 능력 중심의 연봉제의 도입 논의가 활발하게 진행되고 있고 고위공무원의 경우에는 이미 성과연봉제 개념이 도입되어 있다. 그리고 연봉제 도입의 근본 취지인 능력 중심의 보상제도까지는 아니더라도 호봉제로 구성하는 각종 수당 항목을 정리하여 급여를 단순화하기 위해 연봉제를 도입한

하룻밤 경영학

조직도 많다.

　연봉제를 도입한 기업의 기본적인 연봉체계는 기업마다 다르다고 할 수 있지만 기본적인 틀은 '기본 연봉 + 인센티브 + 조직성과급'으로 구성되어 있다.

　기본 연봉은 말 그대로 일의 성과와 관계없이 기본적으로 받게 되는 연봉을 말한다. 이 금액은 고정된 연봉으로, 매년 회사와 협상하여 정해지는 금액이다.

　인센티브는 자신이 속한 조직과 개인의 업무 실적에 따라 지급하는 급여로 지급 기간은 업무에 따라 다르다. 영업 실적처럼 실시간으로 실적이 드러나는 조직의 경우는 주 단위/월 단위 인센티브가 지급되기도 한다.

　조직성과급은 경영성과급이라고도 하는데, 회사 경영 실적에 따라 지급하고 영어로는 PS(Profit Sharing)라고 한다. 조직성과급은 회사가 연말 결산 후에 남은 이익을 구성원과 함께 나눈다는 취지의 급여로, 개인이 어떤 조직에 소속되어 있느냐에 따라 지급률은 다르다. 반도체 사업부나 휴대폰 사업부에 소속된 직원들은 최근 몇 년간 연봉의 100%까지 받아 1년에 연봉을 한 번 더 받는 셈이 되어 다른 회사 동료들의 부러움을 사기도 했다.

　조직성과급 제도를 시행하고 있는 기업들의 경우, 개인의 평가 결과까지 반영하여 개인별로 차등 지급하는 것이 보통이다. 예를 들어

연말 경영 실적에 따라 결정된 조직성과급 지급 기준이 평균 100%라 하더라도 S등급을 받는 직원은 150%, C등급을 받는 직원은 50%와 같이 지급하게 된다.

연봉제는 직무급을 바탕으로 개인의 능력에 따라 차등 처우하겠다는 취지하에 기본적으로 개인 성과를 내는 것을 유도하지만 조직 전체의 성과가 우선시되도록 설계되어 있다.

한국경제연구원에 따르면 우리나라 임금의 연공성(연령과 근무 연수가 연봉에 반영되는 정도)이 신입연봉을 1로 봤을 때 입사 후 30년이 지난 시점의 연봉은 우리나라는 3.11배, 일본은 2.37배로 나타나 연공제의 원조라던 일본보다도 더 높은 것으로 나타났다. 이는 연봉제가 확산되고 있음에도 불구하고, 기존 연공제 요소를 탈피하지 못한 채 겉만 바꾸어 만든 연봉제에 그치고 있기 때문인 것으로 추정된다.

평가제도

평가제도는 기업에서 인사평가 또는 인사고과라 부르는데, 평가제도는 조직에서 구성원들의 행동 방향을 제시하는 기준이 되므로 굉장히 중요한 과정이다. 평가 결과를 통해 교육, 승진, 보상이 이루어진다.

평가 방법도 여러 가지고 평가하는 항목도 기업마다 다르지만, 기본적으로 두 가지 기준으로 평가한다. 역량평가와 업적평가다. 역량은 가지고 있는 능력이고, 업적은 발휘된 능력이다. 가지고 있는 능력(영어 능력, 협조 능력, 실행 능력 등)이 좋으면 나타나는 능력(영업 실적, 업무 수행 실적)도 높을 수 있지만 반드시 일치하는 것은 아니다.

가령, 적극성과 협조성과 실행력(가진 능력)이 높아 영업을 아무리 잘하는 사람이라 하더라도 그해 조류독감 등으로 인해 닭이 거의 안 팔리는 지역에서 영업했다면, 다른 지역에서 영업 한 사람에 비해 그해 업적(나타난 능력)은 부진할 수밖에 없다.

기본적으로 회사는 업무 과정에 관계없이 나타난 능력인 업적을 중심으로 승진도 시키고 성과급도 지급한다. 그렇지만, 승진을 시킬 때는 반드시 역량을 참고하는데, 업적은 특정 시기에 창출된 성과로 위에 언급했듯이 외부 환경에 영향을 받을 수도 있는 측면이 있는 반면, 역량은 개인에게 내재화된 특성을 갖기에 지속적으로 발휘될 것이라고 기대하는 측면이 있다. 이러한 관점에서 승진 시에는 역량 평가를 반영함으로써 자질이 우수한 직원의 이탈을 방지하게 된다.

역량평가와 업적평가 중 더 자주 평가해야 할 항목은 어느 쪽일까? 바로 업적평가다. 왜냐하면 업적성과는 경쟁사나 외부 환경에 따라 수시로 달라지기 때문이다. 반면에 리더십이나 추진력과 같은 역량은 몇 개월 만에 쉽게 달라지는 부분이 아니다. 그래서 업적평가는 분기 또는 반기에 한 번 정도 평가하고 역량평가는 1년에 한 번 정도 평가하는 것이 보편적이다.

'역량평가항목'은 그 기업이 중요시하는 역량을 평가하므로 기업마다 다르다. 주로 고려되는 역량평가 항목으로는 창의력, 협조력, 실행력 등을 예로 들 수 있는데, 기업에서는 보통 공통역량, 직책역량과 직무

역량으로 나누어 평가한다. 공통역량은 모든 종업원이 가져야 할 역량으로 창의력, 실행력, 팀워크 등이 있고, 직책역량은 직책을 맡은 사람에게만 해당되는 역량으로 주로 각 회사별로 선정된 리더십 역량을 평가항목으로 설정한다. 끝으로 직무 역량은 각 직무별로 요구되는 전문성에 착안하여 설정하는데, 회계팀에 근무하는 직원에게는 재무회계 능력이, 해외부서에 근무하는 직원에게는 영어 능력 등이 포함된다.

'업적평가항목'은 기업마다 다를 뿐 아니라, 개인이 맡은 직무마다 다르다. 인사, 마케팅, 영업, 회계 등의 부서에서 자신이 맡고 있는 직무에 따라 업적평가항목이 정해진다. 업적평가항목은 연초에 자신을 평가하게 될 상사와 협의하여 결정하게 된다. 회계팀에 근무하는 직원일 경우에 각종 세금신고업무 처리 실적, 일계표/월말/연말결산업무 처리 실적 등이 업적평가항목이 될 것이다.

다면평가

종래의 평가제도는 윗사람이 아랫사람을 평가하는 하향식 평가에만 주로 의존해 왔다면, 최근에는 해외 기업들을 필두로 상사의 관점에서뿐만 아니라 다양한 이해관계자들의 관점을 수집함으로써 평가의 공정성을 높이기 위해 다면평가가 도입·활용되고 있다.

하향평가(상사평가라고도 함)는 상사가 부하를 평가하는 것을 말한다. 이 경우 통상 평가 대상자의 직속상사가 먼저 평가하고 그 위의 상사가 2차 평가를 통해 확정한다.

하향평가를 하기 전에 평가항목에 대해서 스스로 자신에 대해서 먼저 평가를 하는데 이를 자기평가라 한다. 이는 평가 과정에 평가 대상자를 참여시킴으로써 평가 대상자가 자신의 성과에 대해 성찰해 볼 수 있는 기회를 제공함은 물론 평가 과정의 공정성과 평가 결과에 대한 수용도를 높이기 위해 활용되고 있다

상향평가는 부하가 자신의 상사를 평가하는 제도다. 상향평가결과는 상사의 업적을 평가하기보다는 상사의 리더십을 평가하는 것이 일반적

이다. 그래서 상향평가 결과는 보상에 반영하기보다는 상사의 보직 배치와 리더십 개선에 활용된다.

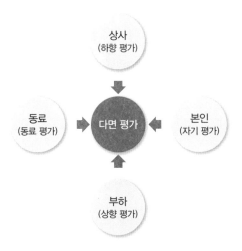

마지막으로 동료평가가 있는데, 동료평가는 자기평가와 하향평가에서 생길 수 있는 주관적 평가를 보완해 주는 역할을 한다. 그리고 동료 간의 협조도도 평가가 되므로 팀워크가 중요한 조직 특성상 중요한 평가라고 할 수 있다.

BSC 균형성과표

회사가 직원을 평가하는 목적은 무엇일까? 이런 복잡한 과정을 통해 종업원을 평가하는 것은 종업원의 보상·승진·교육에 활용하는 1차적 목적도 있지만, 궁극적으로 이런 평가 기준을 통해 회사가 종업원에게 요구하는 방향을 제시하여 회사가 지속적으로 성장하기 위해서다.

따라서 기업마다 자사에 적합한 평가 기준을 개발하기 위해 노력하게 되는데, 이런 과정에서 나온 전략적인 평가 기준표의 하나가 BSC 균형성과표다. BSC 균형성과표는 대부분 회사가 재무적인 기준에 편중된 평가지표를 활용해 온 것에 대한 반성에서 출발하여 어느 한쪽에 치우치지 않고 균형적으로 평가하기 위해 나온 성과기준표다.

일반적으로 회사에서 가장 중요하게 여기는 평가 기준을 뭘까? 회사는 돈을 벌어야 유지될 수 있기 때문에 모든 직원들은 회사 돈벌이에 얼마나 기여했는지를 평가한다. 영업사원이면 영업 실적을 평가할 것이고, 생산부서 직원이면 생산량을, 인사팀 직원이면 애써 선발한 직원이 나가지 않고 잘 적응하도록 했는지 여부로 평가한다. 적응 못하는

하룻밤 경영학

직원을 뽑는 것은 많은 비용을 의미하기 때문이다. 돈을 얼마나 벌어 왔는지, 혹은 쓸 돈을 얼마나 절약했는지에 초점을 맞춰 평가한다. 이것을 다른 말로 하면, 매출과 이익이다. 쓸 돈은 적게 쓰면서 돈을 남기면서 많이 팔아야 하므로 매출과 이익이 중요한 평가 지표가 된다. 한마디로 재무 기준 평가라 한다.

그런데 기업이 재무 기준만으로 평가를 해서는 단기간은 존속할 수 있을지 몰라도 장기간 지속적인 발전을 하는 데는 한계가 있다는 것을 알게 되면서 새로운 평가 방법을 생각하게 된다. 1992년, 로버트 카플란과 데이비드 노턴이 이런 재무적인 성과만을 평가해서는 회사의 균형적인 발전에 문제가 있다면서 새로운 평가 방식을 주장한 것이 바로 BSC다.

BSC는 Balanced Scorecard를 줄인 것으로 우리말로는 균형성과표라고 한다. BSC는 기업이 건강하게 지속적으로 성장해 가기 위해서 재무 측정치뿐 아니라 고객 관점, 프로세스 관점, 학습과 성장 관점의 지표를 포함하여 평가해야 균형 잡힌 평가를 할 수 있다는 것이다.

회사가 재무적인 관점으로 이익만 추구하다 보면 고객 만족 관점의 기준을 소홀하게 된다. 당장 이익을 증대시키기 위해서는 고객의 불편을 감수하게 되기 때문이다. 포장만 그럴듯하게 하고 광고비용을 들여 열심히 홍보하면 판매량이 증가하지만 궁극적으로는 그 비용이 들어간 만큼 고객 입장의 가치는 줄일 수밖에 없게 된다. 그래서 고객만족지표를 평가에 반영하는 것이다.

고객 만족을 위해서 기업은 프로세스를 개선해야 한다. 고객 불편을 처리하는 절차, 가입과 탈퇴 또는 AS신청 절차, 배달 시간 등이 고객 입장에서 편리해야 고객만족도가 높아진다. 그래서 평가 기준 속에 프로세스 개선 지표를 포함한다.

BSC 구조

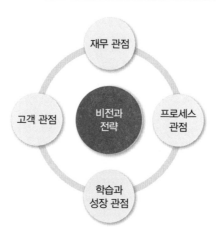

프로세스를 개선하고 고객을 만족시키는 일은 누가 할까? 바로 종업원들이다. 고객을 직접 만나는 사람들이 바로 종업원이기 때문에 종업원 만족이 중요하다. 그래서 BSC의 네 번째 지표는 학습과 성장 지표다. 종업원들이 부족한 부분을 학습하여 성장할 때 종업원의 역량이 높아져 일처리 능력이 높아지고, 그 능력으로 고객 중심의 프로세스를 변경할 수 있게 된다. 그렇게 되면 고객 만족이 이루어지고 만족한 고객은 기업의 제품과 서비스를 지속적으로 이용할 것이기 때문에 재무지표가 개선되는 구조다.

다시 정리하면 BSC 평가는 '직원 만족 → 프로세스 개선 → 고객 만족 → 재무성과'의 구조로 골고루 균형적으로 평가하겠다는 전략이다.

BSC 관점	평가 항목	평가 기준	평가 비중
재무적 관점	콜센터 운영비	10억 이내	20
	직원 영업 건수	인당 30건 / 연간	20
고객만족 관점	고객만족도	외부 설문조사 85점 이상	20
프로세스 관점	고객 클레임 건수	월 100건 이내	10
	전화 접속 시간	20초 이내 90%	10
학습과 성장 관점	직원 코칭 교육 이수	이수증	10
	팀장 리더십 교육	이수증	10

구체적으로 예를 들어 보자. 만약 콜센터를 관리하는 팀장급 직원의 평가표를 BSC 관점에서 간단하게 정해 보면 대략 이와 같은 평가 항목으로 평가될 것이다. 궁극적으로는 재무적 성과를 달성하기 위해서이지만 그 출발은 직원 성장에서부터 시작해야 한다는 의미다.

근로시간

법으로 정한 근로시간을 법정근로시간이라 한다. 우리나라 법정근로시간은 2004년부터 40시간으로 정해져 지금까지 유지되고 있다. 하루 8시간 근무한다면 주 5일 근무하는 기준이다. OECD 국가들은 대부분 주 40시간이며, 프랑스는 주 35시간으로 가장 적다.

주 40시간이지만, 일일 근로시간은 12시간을 초과할 수 없고, 일주일은 52시간을 초과할 수 없다. 하루 8시간을 초과하여 근로한 시간은 원래 정해진 임금(통상임금)보다 50%를 더 주어야 한다. 이를 초과근로수당이라 한다. 밤 10시부터 새벽 6시까지 근로를 하면 야간수당 50%가 추가로 발생한다. 그리고 토, 일요일과 법정공휴일에 근로를 하면 휴일근로수당이 50% 더 발생한다.

하룻밤 경영학

수당	적용 시간 / 날짜	계산 방법
시간 외 근로수당	오후 6시 ~ 오후 10시	* 중첩 적용 가능 – 시간 외 근로 통상임금 + 50% – 야간근로 통상임금 + 50%
야간수당	오후 10시 ~ 익일 오전 6시	
휴일근로수당	토, 일요일, 법정공휴일	* 휴일근로 통상임금 + 50%

2018년부터 도입된 주 52시간제는 주당 연장근로시간을 12시간까지만 인정하겠다는 제도로, 근로자들의 노동시간이 줄어들어 좋은 면도 있지만 한 시간이라도 더 일해서 가계를 꾸려야 했던 저임금 근로자들에게는 수입이 줄게 되는 결과를 초래하였다. 사용자 입장에서도 주 52시간제 도입으로 인해 같은 일을 하더라도 과거 68시간 근로제[1]에서는 10명이 일하면 될 일도 법을 지키기 위해 추가 인력이 3명 정도 더 필요해지는 어려운 점을 감안하여 300인 이하 사업장에 대해서는 2021년부터 시행하는 것으로 유예되었다.

---

1 68시간 근로제 : 주중 주 40시간 법정근로시간에 주중 연장 12시간, 토 · 일요일 연장 16시간을 합쳐 68시간까지 근로할 수 있었으나 주중과 주말을 합쳐 12시간만 인정하는 52시간제로 바뀌게 되었다.

변형근로시간제

법으로 정한 법정근로시간 주 40시간을 초과하면 초과수당을 50%
지급해야 하는데, 하루는 4시간, 일주일 합쳐 12시간만 초과근로를 시
킬 수 있다. 그리고 하루 8시간을 초과하는 근무시간에 대해서는 초과
근무수당 50%를 가산하여 지급해야 한다.

하지만 기업 업무 특성상 계절적 영향이나 시기별로 업무량이 차이
나는 업종이 있다. 기업 입장에서 특정 주는 더 많이 근무하게 하고
특정 주는 적게 근무하게 하여 전체적으로는 주 평균 40시간에 맞춰
서 근무하되 추가 수당 지급 부담을 덜고 싶을 것이다. 또한, 근로자
의 입장에서도 자녀 교육이나 자기계발 시간 등을 위해 추가 급여를
받지 않더라도 특정일은 더 많이 근무하고 특정일은 적게 근무하여
전체적으로는 주 평균 40시간에 맞춰 근무하고 싶은 경우도 있을 것
이다.

이처럼 사용자 입장에서도 근로자의 입장에서도 유연한 근무제를 원
하게 되는데 이를 위한 제도를 '변형근로시간제'라 한다. 사용자를 위

하룻밤 경영학

해 만든 제도를 '탄력적 근로시간제'라고 하고 근로자를 위해 만든 제도를 '선택적 근로시간제'라고 한다.

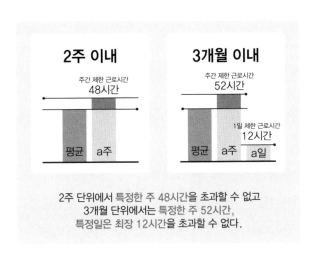

2주 단위에서 특정한 주 48시간을 초과할 수 없고
3개월 단위에서는 특정한 주 52시간,
특정일은 최장 12시간을 초과할 수 없다.

탄력적 근로시간제는 2주 단위로 정산하는 것과 3개월 단위로 정산하는 것이 있다. 먼저 2주 단위로 보면, 2주는 법정근로시간이 총 80시간이다. 80시간을 2주 동안 유연하게 사용하되 한 주가 48시간이 넘지 않도록 해야 한다. 가령 첫 주에 48시간, 그다음 주는 32시간을 근무하게 하면 기업은 추가적인 급여를 지급하지 않고도 유연한 근무를 시킬 수 있다. 3개월 단위 탄력적 근로시간제는 한 주 52시간 한도, 하루 12시간 한도로 3개월 동안 평균 주 40시간을 유지하면 된다. 2주 단위 탄력적 근로시간제는 취업 규칙에 정하면 되지만, 3개월 단위 탄력적 근로시간제는 근로자대표와 합의를 해야 한다.

| 07:00 | 09:00 | 10:00 | 12:00 | 13:00 | 15:00 | 17:00 | 19:00 |

| 선택적 근로시간대 (시작 시간대) | 의무적 근로시간대 (코어타임) | 휴게 | 의무적 근로시간대 (코어타임) | 선택적 근로시간대 (종료 시간대) |

근 로 시 간 대

선택적 근로시간제는 일주일 동안 근로자가 자유롭게 선택하여 주 40시간만 근무하면 되도록 하는 제도다. 월요일은 6시간, 화요일 10시간과 같이 출퇴근 시간을 자유롭게 정할 수 있다. 그렇지만 조직은 함께 일을 하는 시간이 필요하기 때문에 코어타임을 설정하고 그 시간에는 반드시 근무하게 함으로써 필요한 회의나 업무 협의를 하도록 하고 있다.

유연 근로시간제		내용	주요 적용 업종
변형 근로시간제	탄력적 근로시간제	일이 많은 주(일)의 근로시간을 늘리는 대신 다른 주(일)의 근로시간을 줄여 평균적으로 법정근로시간(주 40시간) 내로 맞춤	계절적 영향, 시기별 업무량 편차가 많은 직종
	선택적 근로시간제	일정 기간의 단위로 정해진 총 근로시간 범위 내에서 업무의 시작 및 종료시각, 1일의 근로시간을 근로자가 자율적으로 결정	업무량 편차가 많은 소프트웨어 개발, 디자인, 설계, 연구 업종
인정 근로시간제	간주 근로시간제	사업장 밖에서 근로하여 근로 시간을 산정하기 어려운 경우	영업, AS업무 등
	재량 근로시간제	업무 수행 방법을 근로자의 재량에 위임할 필요가 있는 경우	기자, 편집, 노무관리 등

'인정근로시간제'는 주로 외부에서 근무하기 때문에 근무시간을 정할 수 없는 영업사원이나 기자와 같은 직종에 적용하는 제도로, 간주근로시간제와 재량근로시간제로 나눌 수 있다. 사업장 바깥에 근무하여 근로시간을 산정하기 어려운 영업이나 AS업무는 간주근로시간제를 적용하는데, 영업사원의 경우는 종업원이 활동하는 장소, 행위 모두 영업행위로 볼 수도 있기 때문에 시간을 제한하지 않고 하루 8시간 근무한 것으로 인정하겠다는 제도다. 또한, 기자나 노무관리 업무를 하는 직원처럼 업무 수행 방법을 근로자에게 위임할 수밖에 없는 업무에 적용하는 인정근로시간제를 재량근로시간제라 한다.

　'재택근무제도'는 정보통신 기술의 발달로 집에서 업무를 처리하면서 근로시간을 인정받는 제도로 근로자의 출퇴근 부담을 줄여 주고, 사용자 입장에서도 근로자 근무 공간을 줄이고 안정적인 근로자 유지에 도움이 되는 제도로 활용되고 있다. CJ콜센터의 경우 거동이 불편한 장애인을 포함하여 200명 이상의 재택근무자를 운영하고 있어, 재택근무의 좋은 사례가 되고 있다.

　법정근로시간은 주간으로 정한 것이지만 연간 총근로시간으로 보면 우리나라는 근로시간이 많은 나라에 속한다. 2017년 자료에 의하면 OECD 평균은 연간 1,746시간이고 우리나라는 2,024시간으로 멕시코를 제외하면 OECD 국가 중 가장 일을 많이 하는 나라다. 평균과의 차이는 278시간이고 주당 5.3시간 더 일하는 것으로 나타나 주 5일 근무를 한다고 가정하면 우리나라는 하루 평균 1시간 정도 더 근무하는 것으로 나타났다. 근무시간이 짧은 독일이나 프랑스와 같은 나라는 우리나라보다 하루 2시간 정도 적게 일한다.

　그런데, 다음 표를 보면 우리들이 일을 더해야 하는 것이 이해되는 면이 있다. 근로시간이 많은 나라일수록 노동생산성이 낮게 나타나고 있는데, 멕시코가 가장 낮고 우리나라는 하위권 국가에 속하는데 시간당 노동생산성도 34.3으로 근로시간이 적은 선진국에 비하면 반도 안 될 정도다. 미국이 64.09인데, 이는 미국이 같은 시간에 자동차를 64대 정도 만들 때 우리는 34대밖에 못 만든다는 의미가 된다.

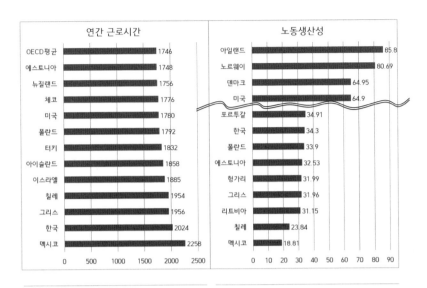

연간 근로시간		노동생산성	
OECD평균	1746	아일랜드	85.8
에스토니아	1748	노르웨이	80.69
뉴질랜드	1756	덴마크	64.95
체코	1776	미국	64.9
미국	1780	포르투갈	34.91
폴란드	1792	한국	34.3
터키	1832	폴란드	33.9
아이슬란드	1858	에스토니아	32.53
이스라엘	1885	헝가리	31.99
칠레	1954	그리스	31.96
그리스	1956	리트비아	31.15
한국	2024	칠레	23.84
멕시코	2258	멕시코	18.81

연간 근로시간 : OECE하위 12개국(2017)   노동생산성 : OECD 상위 4개국, 하위 9개국(2017)

우수한 민족이라며 자부심이 높은 우리나라의 노동생산성이 선진국에 비해 떨어지는 이유는 여러 가지가 있겠지만, 우리나라 근로자의 근무시간 몰입도가 상대적으로 낮은 부분과 아직도 부가가치가 낮은 산업에 종사하는 사람이 상대적으로 많기 때문으로 추정된다. 또한, 근로자의 교육과 생산성을 높이기 위한 장비의 고도화 측면도 영향이 있을 것으로 추정된다.

리더십

🔍 리더십의 정의

리더십은 항상 기업의 핵심 경쟁력 요소 중 하나로 여겨져 왔다. 조직시스템이 아무리 잘 구성되어 있어도 리더의 행동에 따라 구성원의 행동도 달라지기 때문이다.

'리더십은 타고나는 것일까? 길러지는 것일까?'라는 화두에서 리더십 연구가 시작되었다. 여러분들은 어느 쪽인가? 동물 세계에서는 힘이 센 녀석이 리더가 된다. 사람도 과거에는 비슷했지만 사회가 발달하면서 리더의 신체적 특징 외에도 지적 능력, 대인 관계와 업무 처리 능력 등이 중요해졌다. 전통적인 리더십에서 리더는 타고난다는 관점이었다면 현대 사회로 오면서 리더십도 배울 수 있다는 관점으로 바뀌어 왔다.

리더십 정의는 학자들마다 다르지만, 공통으로 언급하는 내용의 핵심단어는 '목표'와 '영향력'이다. 조직의 목표를 달성하기 위해 구성원들에게 영향력을 미치는 과정을 리더십이라 한다. '영향력을 미치는 과정'이 리더십이란 말은, 어떤 리더의 무엇으로부터 구성원이 영향력을 받는지를 살펴보는 것이 리더십 연구 과제라는 것을 말한다. 카리스마가 있는 사람, 비전 있는 사람, 인품이 좋은 사람, 능력 있는 사람, 대인 관계가 좋은 사람, 힘이 있고 잘생긴 사람 등등 여러 가지 요인이 있을 것이다.

리더십의 발달 과정

리더십이 발전해 온 과정을 보면 몇 단계로 구분되는데 1980년대 이후 급변하는 기업 환경과 불확실성으로 새로운 흐름의 리더십이 나타나기 전까지는 대체로 3가지로 나누어 분석한다. 특성이론, 행동이론, 상황이론이다.

1940년 때까지 유행한 특성이론은 리더는 타고난다는 관점에서 연구한 이론이다. 링컨, 처칠, 나폴레옹, 세종대왕과 같이 위인전에 나올 만한 정도의 사람은 일반 사람과 다른 특성이 있다고 생각하고 그 특징을 밝히기 위해 연구한 이론이다. 이 이론의 대표적인 학자인 스톡딜(Stogdill)은 연구에서 리더가 될 수 있는 자질로 지적능력, 민감성, 책임감, 통찰력, 자신감, 사교성 등을 들고 있다. 『히딩크 리더십』, 『김성근 리더십』과 같은 책들은 그 사람의 어떤 특성이 그들을 성공적인 리더로 만들었는지 특성이론에 바탕을 두고 연구한 책들이라 볼 수 있다.

특성이론이 리더는 선천적으로 태어난다는 관점의 이론이라면, 행동이론은 후천적으로 교육이나 훈련에 의해 유능한 리더가 될 수 있다는 관점에서 유능한 리더는 어떤 행동을 보이는지를 연구한 이론이다. 특성이론이 누가 효과적인 리더인가를 규명한 이론이라면, 행동이론은 효과적인 리더는 어떻게 행동하는지를 규명하고자 하였다.

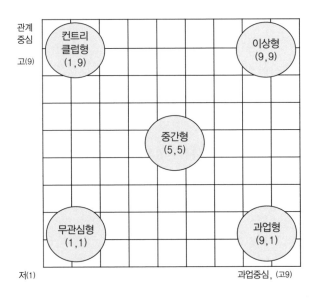

행동이론은 미국 대학을 중심으로 주로 연구되었는데 중요한 관점은 사람과 일이다. 사람과의 관계를 중시하느냐, 아니면 일을 중시하느냐는 정도에 따라 사분면 혹은 9등분으로 나누어 성과가 어떻게 달라지는지를 연구한 것이다. 그림은 블레이크(R.R. Blake)와 머튼(J.S. Mouton)의 관리격자이론을 나타낸 것인데, 그림에서 보면 가로축은

하룻밤 경영학

과업(일) 중심, 세로축은 관계(사람) 중심으로 9단계로 나누어 정도에 따라 리더의 유형을 구분하였다. 연구에 따르면 일과 사람 모두에 관심을 가지는 리더인 이상형(9,9)이 성과가 가장 높은 것으로 나타났다.

하지만 행동이론 연구자들의 노력에도 불구하고 어떤 상황에서도 효과적인 리더의 행동 유형이란 없다는 결론에 이르게 된다. 1960년대 후반부터 관심을 받기 시작한 '상황이론'은 리더와 그가 처한 상황이 잘 맞아야 리더십의 효과를 높일 수 있다는 이론이다. 허쉬와 블랜차드는 부하의 성숙도에 따라 리더십이 달라져야 함을 주장하였는데 미성숙한 직원은 지시형, 중간 정도 부하에게는 설득형과 참여형, 높은 성숙도를 가진 직원에게는 위임형 리더가 성과를 높일 수 있다고 하였다.

전통적 리더십

특성 이론 — 좋은 리더는 뭔가 특별한 능력이 있을 거야

행동 이론 — 좋은 리더는 어떻게 행동하는지 살펴보자

상황 이론 — 부하, 업무, 환경에 따라 리더십이 달라야 해

현대리더십

전통적인 리더십은 현상 유지 차원에서 기대 이상의 성과를 내기 위한 리더십이었다. 1980년대 들어 불확실한 경영 환경과 패러다임의 변

화와 함께 급변하는 외부 환경에 대응하기 위해 구성원의 열정을 불러일으켜 강한 일체감과 몰입을 유도하는 방향의 새로운 리더십이론이 등장하게 되었는데, 대표적인 것이 변혁적 리더십이다.

이전까지의 모든 리더십을 리더와 하급자 간의 교환 관계에 기초한 거래적 리더십[1]이라고 비판하며 출발한 변혁적 리더십(Transformational Leadership)은 화학적으로 형질을 바꾸는(transformation) 리더십이란 의미를 가진 변화와 혁신을 추진하는 리더십이다. 변혁적 리더십의 주창자 번즈(J. M. Burns)와 배스(B. M. Bass)는 변혁적 리더십을 "구성원들의 열정을 격려하고 비전을 제시함으로써 성과를 높일 수 있는 리더십"으로 정의하였다. 최근까지도 주목을 받고 있는 리더십이다.

거래적 리더십은 '거래'를 통해 부하를 움직이게 만들었다면, 변혁적 리더십은 부하에게 비전을 부여하고 부하 개개인의 긍정적인 변화를 통해 스스로 동기 부여 되도록 하는 리더십이다. 변혁적 리더십에서 강조하는 리더가 갖추어야 할 요소는 카리스마, 지적 자극, 개별적 배려와 영감적 동기 부여다.

카리스마는 부하에게 미래 비전을 제시하고 도전적인 목표를 부여하며 부하가 그 목표 달성에 몰입하도록 하는 능력을 말하며, 개별적 배려는 부하들에 개별적인 관심을 가지고 배려하고 지원하는 능력을 말한다. 그리고 기존 방식에서 벗어나 창의적이고 적극적인 사고를 통해

---

1 거래적 리더십 : 서로 간의 협상 혹은 교환에 토대를 둔 리더십으로 구성원들이 성공적으로 성과를 달성할 경우에는 구성원들에게 보상을 제공할 것을 약속하고, 구성원들은 그 보상을 받기 위해 리더가 요청한 것을 수행하는 전형적인 리더와 부하 간의 기브 & 테이크 리더십을 말한다.

문제를 해결할 수 있도록 자극하는 지적 자극 능력과 부하들에게 영감을 불어넣어 동기 부여할 수 있는 능력 네 가지가 변혁적 리더가 갖춰야 할 능력이다.

🔍 최신 리더십의 특징

지금까지 전통적 리더십과 현대의 대표적인 리더십인 변혁적 리더십을 살펴보았는데 이외에도 급변하는 기업 환경 속에서 기업 경쟁우위로서의 다양한 리더십이 제시되고 있다. 비교적 최근에 부각되고 있는 리더십이론들의 몇 가지 흐름을 살펴보면 다음과 같다.

첫째는 구성원의 자율성과 자발성을 배양하도록 도와주는 리더십이다. 사회가 복잡해지고 정보화가 급속도로 진전됨에 따라 개인의 다양한 가치에 바탕을 둔 창의성이 기업의 핵심 경쟁력으로 자리 잡으면서 등장한 구성원 중심의 리더십이다. 대표적인 리더십에는 셀프리더십과 구성원을 셀프리더로 이끄는 슈퍼리더십이 있다.

둘째는 과거의 리더 역할과는 달리 리더가 조직과 구성원을 위해 봉사하는 리더십이이다. 민주화와 정보화의 진전으로 조직이 수평화되고, 구성원들의 자기주장도 커지면서 구성원의 역량을 극대화하기 위한 방법으로 구성원의 역량을 믿고 구성원이 제대로 역량을 발휘할 수 있도록 도와주는 역할을 강화한 리더십이다. 대표적인 리더십으로 서번트리더십, 집사리더십, 임파워링리더십 등이 있다.

셋째는 자본주의 발달 속에서 리더의 부정과 부패로 큰 위기를 겪은 조직들이 과거 카리스마 리더십이나 변혁적 리더십과 같은 구성원에게 영감을 주는 비전 중심의 리더십에 한계를 느끼고 대안으로 부상한 리더십으로 리더의 도덕성과 윤리성을 강조한 리더십이다. 이러한 리더십에는 윤리적 리더십과 진정성리더십 등이 있다.

이상의 여러 가지 리더십 유형의 공통된 특징은 구성원들의 자발적인 역량을 극대화하기 위해 구성원들을 존중하고 배려하며 일할 수 있는 분위기를 만들어 주는 역할의 리더십이라고 볼 수 있겠다. 최신 리더십의 특징을 가장 잘 나타내고 있는 서번트리더십에 대해 살펴보자.

서번트리더십(Servant Leadership)을 그대로 옮기면 머슴리더십이다. 리더가 머슴과 같은 역할을 하는 리더십이란 의미로 섬김리더십으로 표현된다. 서번트리더십은 1970년대 미국의 경영학자 로버트 그린리프(Robert Greenleaf)가 주창한 이론으로 타인을 위한 봉사에 초점을 두며, 종업원, 고객 및 공동체를 우선으로 여기고 그들을 도와주기 위해 헌신하는 리더십이다. 서번트리더십은 리더의 여섯 가지 행동 지침을 가지고 있는데, 경청, 공감, 치유, 봉사와 헌신, 구성원의 성장 지원, 공동체 만들기가 그것이다.

일본 굴지의 자동차용품 회사 Yellow Hat의 사장이 40년간 회사 변기를 닦으며 직원들을 위해 봉사와 헌신을 실천한 것과 작업복 차림으로 직접 청소하며 고객보다 직원이 먼저라고 외친 사우스웨스트 항공 CEO 스토리는 서번트리더십의 좋은 사례다.

5부

열심히 NO, 경영전략

전략이라는 말이 어렵게 다가올 수도 있겠지만 우리는 개인의 삶을 비롯하여 우리들이 소속한 사회로부터 끊임없이 전략적인 행동을 요구받는다. 우리들의 시간과 자원은 제한되어 있기 때문이다. 축구 게임의 예를 들어 보자. 축구 게임에서 보면 실력으로 봐서는 턱도 없는 팀이 의외의 승리를 얻는 경우를 보면서 감독의 전략이 좋았다는 평을 한다. 상대하는 팀마다 모두 같은 전략과 전술로는 이길 수 없다. 또, 어떤 경우는 더 중요한 게임을 위해 잘하는 선수를 쉬게 할 수도 있다. 이런 것이 전략이다.

기업도 마찬가지다. 기업이 활용할 수 있는 자원이 무한하다면 모든 분야에 상대보다 더 많은 자원을 투입하여 경영하면 되겠지만 그런 회사는 없다. 그리고 자원만 많다고 해서 시장에서 반드시 승리하는 것도 아니다. 그래서 경영전략이 필요하다.

개인기업에서 경영전략은 사장의 일이라고 한다면, 큰 법인기업에서는 대표이사를 비롯한 기업의 상위 직급에서 담당하는 일이다. 사람으로 보면 머리 역할인 셈이다.

경영전략의 3수준

기업전략	어떤 사업을 해야 다른 기업을 이길 수 있을까?
사업전략	우리 사업은 어떻게 해야 경쟁사의 같은 사업부를 이길 수 있을까?
기능전략	회사 각 기능별(인사관리, 마케팅, 재무, 생산 등)로 어떻게 해야 사업부가 이기는 데 도움이 될 수 있을까?

경영전략은 수준에 따라 기업전략, 사업전략, 기능전략 세 가지 차원의 전략으로 나눌 수 있다. 기업 차원의 경영전략이 좁은 의미의 경영전략이다. 경영전략은 맛나치킨㈜ 기업 차원에서 어떤 사업에 진출하고 어떤 시장을 공략할지에 대한 전략을 수립하는 것이 기업전략이다. 다음에 말하는 사업전략과 기능전략은 넓은 의미의 경영전략에 포함된다. 사업전략은 맛나치킨㈜ 사업부 차원에서 그 사업부가 취급하는 제품 시장을 공략하기 위해 세우는 전략이고, 기능전략은 생산 · 마케팅 · 유통 등 각 기능별로 세우는 전략이다.

경영전략을 세우기 위해 가장 먼저 해야 할 일은 기업을 둘러싸고 있는 환경을 파악하는 일이다. 기업 환경은 기업 내부의 환경과 기업 외부의 환경으로 나누어 파악한다. 기업 내부 환경은 회사의 재무 상태, 직원의 능력, 기술력 등을 말한다. 지피지기면 백전불태(百戰不殆)란 말도 있듯이 환경 분석은 자사 분석이 먼저다.

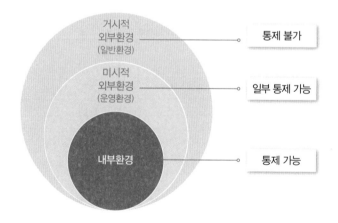

하룻밤 경영학

외부환경은 다시 거시적(macro) 환경과 미시적(micro) 환경으로 나뉜다. 거시적 환경은 기업 입장에서 어떻게 해 볼 수가 없는 외부환경 요인으로 기업에 영향을 미치는 정치 경제적인 변화나 기술적인 변화, 사회문화적인 변화가 이에 해당한다. 예를 들면 환율의 변화나 인터넷 보급률과 같은 것을 들 수 있겠다. 반면, 미시적 환경은 개별 기업 입장에서 어느 정도 통제가 가능한 환경 요인으로 회사에 원료를 공급하는 공급업자, 고객, 유통업자 등이 미치는 영향이다.

PEST 분석

거시환경을 분석할 때는 PEST 분석을 자주 이용하는데 정치(Political) 요인, 경제(Economic) 요인, 사회(Social) 요인, 기술(Technical) 요인을 분석하는 방법이다.

먼저, 기업을 둘러싼 정치적 요인을 생각해 보자. 기업은 정부에서 나오는 각종 정책의 영향을 받을 수밖에 없다. 정부는 시장의 공정 경쟁과 공공성을 지키기 위해 각종 규제정책을 내놓기 때문이다. 특히 정부 허가사업인 경우는 더욱더 큰 영향을 받는다. 현재 이동통신사업자는 KT, LG, SK 세 회사지만 추가 사업자는 정부허가에 의해서만 진입할 수 있다. 추가 사업자 허가가 나면 기존 사업자의 기업 환경이 크게 바뀌게 된다. 또한, 정부의 복지정책이나 근로시간제 변경은 종업원의 인건비에 큰 영향을 준다.

경제적 요인은 기업에 가장 직접적으로 영향을 주는 요인이다. 회사에서 사업계획을 수립할 때 몇 가지 경제적 지표는 예상치를 고정하고 시작한다. 경제적 지표에 따라 예상 수익이나 매출이 달라지기 때문이다. 환율, 유가, 경제성장률, 은행이자율, 실업률과 같은 지표의 변동에 따라 기업 환경에 큰 영향을 주게 되므로 자신이 속한 산업에 영향을 미치는 경제 요인을 잘 분석하여야 한다.

사회적 요인은 사회 문화적 측면에서 기업에 미치는 영향을 말하는데, 가치관의 변화, 인구 구조의 변화, 유행의 변화와 사고방식의 변화 등을 파악해서 기업에 미칠 영향을 분석하는 것이다. 1인 가정이 늘면서 혼술, 혼밥족의 등장, 고령화 사회 진입으로 인한 시니어 대상의 비즈니스 기회 증가, 근로시간 축소로 인한 근로자의 생활 패턴 변화, 여성의 사회 진출 확대와 미혼 증가 등 사회 문화 트렌드를 잘 파악하여 기업에 미치는 영향을 반영하여야 한다.

기술적 요인은 기술 동향에 따라 기업에 미칠 영향을 분석하는 것이다. 특히 핵심 기술을 바탕으로 비즈니스를 하는 기업에게는 기술 동향 파악이 무엇보다 더 중요한 일이 된다. 핸드폰 기업들이 매년 신기술 경쟁을 하면서 새로운 모델을  내놓는 것은 지속적으로 기술경쟁 우위를 확보하기 위해서다. 특히, 최근 4차 산업혁명시대의 도래와 함께 부각되고 있는 AI기술, 바이오기술, 블록체인기술, 자율자동차 기술 등의 영향으로 인해 기업에 미칠 영향을 파악하는 것은 거의 모든 기업의 지속 가능성에 결정적인 영향을 주는 일이 될 것이다.

SWOT 분석

SWOT 분석은 Strength, Weakness, Opportunity, Threat의 머리글자를 딴 용어인데 기업의 강점, 약점, 기회, 위협 요인을 분석하는 방법으로서 회사의 상품, 브랜드가 나아갈 방향을 분석할 때 가장 널리 사용하는 분석법이다. 강점과 약점은 내부 요인을 분석하는 것이고, 기회와 위협은 외부 요인을 분석한다. 그래서 기회와 위협 요인은 위에서 언급한 PEST 분석의 내용에서 도출될 수 있다. 기업입장에서 통제할 수 없는 외부 요인에 해당하기 때문이다. 강점과 기회, 약점과 위협요인을 구분하여 적을 때 서로 헷갈리기 쉬운데 그 기준은 자사가 통제할 수 있는 부분인지 아닌지로 판단하면 된다.

여러분이 삼성전자 휴대폰사업부에 근무한다고 생각하고, 삼성 갤럭시 브랜드의 SWOT 분석을 해 보자. 삼성 휴대폰에는 어떤 강점과 약점이 있을까? 강점과 약점은 기업의 통제 범위 내에 있는 내부 환경 분석에 속한다. 강점으로는 높은 브랜드 이미지, 기술력, 우수 인력과 차별적인 서비스 등을 들 수 있다. 반면, 약점으로는 높은 가격에 스마트

하룻밤 경영학

폰의 차별성 약화 등을 들 수 있다.

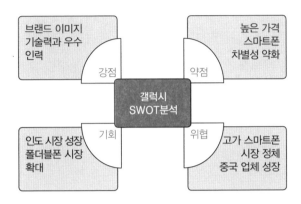

기회와 위협 요인은 기업이 통제할 수 없는 외부 환경에서 파악해야 한다. 삼성이 아니라 삼성 외부를 둘러싼 정치, 경제, 사회, 기술적 요인에서 찾으면 된다. 기회 요인으로는 인도 시장의 성장, 폴더블폰 시장 성장 등을 들 수 있고, 위협 요인으로는 고가 스마트폰시장 성장 둔화, 중국 업체의 성장 등을 들 수 있을 것이다.

	기회(O)	위협(T)
강점(S)	SO전략 강점을 살리고 기회를 살리는 전략	ST전략 강점을 가지고 위협을 최소화하는 전략
약점(W)	WO전략 약점을 보완하며 기회를 살리는 전략	WT전략 약점을 보완하며 위협을 최소화하는 전략

SWOT 분석을 하는 목적은 궁극적으로 회사 전략을 짜기 위해서이다. 위에서 분석한 SWOT 분석 결과를 가지고 표와 같이 매트릭스로 만들어 보면 SO, WO, ST, WT로 나눌 수 있다. SO는 강점과 기회이므로 회사의 강점을 가지고 기회를 살리는 우선추진전략을 세울 수 있고, WO는 약점과 기회이므로 약점을 보완해서 기회를 살리는 전략을, ST는 강점과 위협이므로 강점을 이용해서 위협을 최소화하는 전략을, WT는 약점과 위협이므로 약점을 보완하며 위협을 최소화하는 회피전략을 세울 수 있다.

3C 분석

3C 분석은 가장 널리 쓰이는 기업 분석 방법의 하나로 Company, Competitor, Customer의 앞 글자를 딴 것이다. 나(회사)를 알고 적(경쟁사)을 알고 고객을 알아야 제대로 된 전략을 세울 수 있다는 것으로 일본의 경제평론가인 오마이겐이치가 처음 제안했다.

먼저 자사(Company) 분석은 회사의 매출, 이익, 시장 점유율, 브랜드 이미지, 기술력, 인력과 자금과 같은 경영자원을 분석하는 것이다.

그리고 경쟁사(Competitor) 분석은 자사 분석에 따른 회사 매출, 이익, 시장 점유율, 브랜드 이미지, 기술력과 경영자원 등에 대하여 경쟁사의 강점과 약점, 그리고 시장에서의 위상을 분석하는 것이다.

마지막으로 고객(Customer) 분석은 회사가 목표로 하는 주요 고객의 특성과 니즈를 파악하는 것이다.

위의 3C 분석에 Channel을 더하여 4C 분석이라 한다. Channel은 통로란 뜻인데 제품을 소비자에게 전달하는 통로, 즉 유통망을 의미하고 회사의 상품과 서비스가 고객에게 전달되는 유통 경로를 분석하

는 것을 말한다. 이에 대해서는 마케팅 전략 편에서 자세히 살펴볼 것
이다.

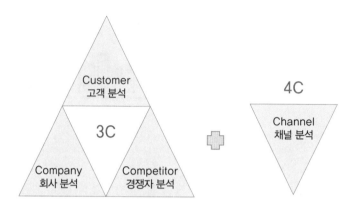

5F 분석

    기업은 항상 정글과 같은 경쟁에 노출되어 있고 이 경쟁에서 어떻게 살아남느냐가 화두다. 하버드 비즈니스 스쿨의 마이클 포터(Michael E. Porter, 1947~) 교수는 산업 환경 속에서 기업이 살아남는 데 유리한 경쟁 상황을 분석하는 방법을 제시했는데 이를 '산업구조분석'이라 한다.

    마이클 포터 교수는 기업을 둘러싼 다섯 가지 세력(5 Forces)이 기업 경쟁을 좌우하고 있다고 하였는데, 다섯 가지 세력은 기존 경쟁자, 신규 경쟁자, 공급자, 대체품, 구매자이다. 이 다섯 가지 세력을 분석하면 산업 내에서의 자사가 속한 산업이 얼마나 매력적인지를 알 수 있다고 하였다. 매력적이라는 것은 그 시장에서 사업하면 높은 실적과 수익을 낼 수 있는 곳이라는 것을 의미한다.

    먼저, 산업 내에는 기존 경쟁자들이 있다. 완전히 새로운 아이템으로 처음 하는 사업이 아니라면 기존의 경쟁자들이 있기 마련이다. 이때 경쟁자의 수가 많을수록 경쟁이 심한 상태다. 경쟁자가 많을수록 가격 경쟁으로 치닫게 되어 수익률이 낮아지기 때문에 산업매력도가 떨어지게 된다.

반면, 경쟁자가 없는 시장을 블루오션 시장이라 하는데, 블루오션은 미개척 분야에 진입하여 경쟁자도 없고 성장 가능성이 무한한 시장을 말한다. 블루오션에 대응하는 시장을 레드오션이라 하고 시장이 포화되어 경쟁자 간 출혈경쟁이 일어나는 시장이다.

블루오션 사례로 3M의 전략을 들 수 있다. 스카치테이프나 포스트 잇으로 유명한 3M은 60,000여 개 이상의 제품을 가지고 있고, 우리 모두 가지고 있는 핸드폰에도 40종류 이상의 3M 제품이 들어가 있다고 한다. 이 회사에는 10%와 30%룰이란 게 있는데, 3M이 최근 1년 내 개발한 새로운 제품에서 10% 매출을 달성해야 하고, 4년 내 개발한 제품에서 매출의 30%를 채워야 하는 룰을 말한다. 이것은 기존 제품은 곧 레드오션 제품이 될 것이므로 끊임없는 혁신을 통한 블루오션 제품을 만듦으로써 시장을 선도하겠다는 전략을 의미한다.

| 블루오션 | 레드오션 |

블루오션과 레드오션 개념은 프랑스 인사이드 경영대학원 김위찬 교

하룻밤 경영학

수와 르네 모보르뉴(Renee Mauborgne)가 제시한 개념이다. 블루오션에 있는 산업은 기업 입장에서 매력도가 높은 산업이다.

다음은 신규경쟁자이다. 잠재적인 진입자라고도 한다. 시장에는 기존 경쟁자뿐 아니라 늘 신규경쟁자가 진입할 수 있다. 어떤 산업에서는 신규경쟁자의 진입이 쉽지만 그렇지 않은 산업도 있다. 신규경쟁자가 시장에 참여하기 어려운 정도를 '진입장벽(Entrance Barrier)'이라고 한다. 다시 말하면 새로운 경쟁자가 진입하는 데 장벽이 높은 산업도 있고 낮은 산업도 있다는 의미다. 진입장벽이 높은 산업일수록 산업매력도가 높다고 할 수 있다.

우리나라 통신산업과 은행산업과 같은 경우는 정부 허가가 있어야 진입할 수 있기 때문에 진입장벽이 높은 산업에 속한다. 그리고 산업 내에서 제품의 차별성이 월등하거나 주류 시장처럼 기존 유통망을 장악하고 있는 경우 또는 항공사와 같이 소요 자본이 큰 산업의 경우에도 새로 진입하려는 신규경쟁자의 입장에서 보면 진입장벽이 높은 산업이 되고 기존 기업 입장에서는 산업매력도가 높은 산업이 된다.

다음은 공급자의 교섭력이다. 공급자는 원재료나 부품을 제공하는 쪽을 말한다. 공급자가 제공하는 제품이 차별적이거나 공급업자 숫자가 적을 경우, 공급자의 교섭력이 커진다.

반면 기업 입장에서는 산업매력도는 떨어지게 된다. 반대로, 비슷한 공급자가 많고 공급하는 제품들 간에 특별히 차별적인 부분

이 없다면 공급자의 교섭력은 떨어지고 기업 입장에서는 교섭력이 커지므로 산업매력도는 증가하게 된다. 우리나라 자동차 부품 공급업체들이 무자비한 가격 인하 압력을 받으며 부당한 거래를 수용하는 것도 공급자의 교섭력이 약하기 때문이다.

다음은 구매자의 교섭력이다. 구매자는 기업의 제품을 구매하는 고객을 말한다. 구매하려는 사람의 숫자가 적거나 뭉쳐 있으면(예, 공동구매) 구매자의 교섭력은 커진다. 기업 입장에서 구매자의 요구에 맞춰 회사의 가격을 낮추어야 하므로 교섭력이 떨어진다. 반면, 대체할 수 없는 독특한 제품이거나 브랜드의 인지도가 높아 서로 사려고 하는 경우라면 구매자의 교섭력은 하락하고 기업 입장에서 교섭력이 높아져 산업매력도는 높아지게 된다. 아이폰이나 스타벅스 커피를 좋아하는 마니아층 입장에서 보면 구매자의 교섭력이 낮은 제품이 된다.

마지막은 대체품이다. 대체품이란 기존 제품이나 서비스와 같은 기능을 수행하면서도 가격이 싸거나 보다 우월한 성능을 가진 제품이나 서비스를 말한다. 이러한 대체품이 저렴하고 사용하기 편하면 그 위협이 커지고 산업매력도는 떨어진다. 고속철이 생기고 나서 국내 항공기 이용을 대체한 경우와 필름카메라를 대체한 디지털 카메라, CD나 MP3를 대체한 음원시장의 경우가 대체재 도입으로 시장이 획기적으로 바뀐 사례다.

지금까지 외부 환경을 분석하기 위해서 몇 가지 방법을 알아보았다. 그림에서 왼쪽은 외부 환경 분석, 오른쪽은 내부 환경 분석을 위한 몇 가지 방법을 제시하고 있는데, 앞서 사용한 SWOT 분석과 3C분석은 내부와 외부 환경 분석이 통합되어 있는 분석 방법이다. 내·외부 환경 분석을 통해 경영전략을 수립하는데, 지금까지 살펴본 몇 가지 외부환경 분석 방법에 이어, 이제 내부 환경 분석 방법으로 가치사슬 분석과 7S 분석 방법을 알아볼 것이다.

가치사슬 분석(Value Chain Analysis)

경영학에서는 쇠사슬 대신 가치사슬을 알아야 한다. 우선 가치(Value)는 고객이 회사의 상품이나 서비스로부터 느끼는 값어치를 말한다. 고객에게 전달하는 가치는 기업이 존재하는 이유다. 고객에게 어떤 제품과 서비스에 대한 가치를 제공하고 그 대가로 기업이 유지되는 것이다. 고객에게 전달되는 가치는 기업 내 여러 절차를 거쳐 만들어지는데, 쇠사슬 모양처럼 연결되어 만들어지기 때문에 가치사슬이라 한다.

기업이 어떤 제품을 만들어 고객에게 전달하기까지의 과정을 생각해보자. 그 과정에서는 제품 생산과 판매에 직접적으로 관여되는 활동이 있고 재무회계나 구매 업무처럼 간접적인 활동이 있다. 직접적인 활동을 '주 활동'이라 하고, 간접 지원 활동을 '보조 활동'이라 한다. 제품이 고객에게 전달되려면 먼저 보조 활동의 연구 개발을 통해 제품을 개발하면 개발된 제품은 주 활동 과정으로 넘어와 제조 과정을 거쳐 제품으로 생산되고, 마케팅과 영업으로 판매하고 유통 과정을 거쳐 고객에게 전달되어 애프터서비스가 일어나게 된다. 이렇게 고객에게 가치가 전달되는 과정이 쇠사슬 고리처럼 연결되어 있다 해서 가치사슬이라 한다. 가치가 쇠사슬처럼 연결되어 고객에게 전달되는 과정에서 가치 형성에 방해가 되거나 가치를 감소시키는 부분을 파악해서 개선하기 위해 분석하는 것을 가치사슬 분석이라고 한다.

보조 활동	회사 하부구조 (기획, 재무, 전산 등)					이 윤	소 비 자
	인적자원 관리 활동						
	기술 개발 연구 활동						
	구매 획득 활동						
주 활동	부품 조달 활동	생산	운송	마케팅 &영업	애프터 서비스		

가치 창출 →

여러 사람이 줄지어 큰 바윗덩어리를 옮긴다고 생각해 보자. 부품 조달 활동-생산-운송-마케팅&영업-애프터서비스를 바윗덩어리를 전달하는 사람이라고 가정할 때 한 곳이 병들어 힘없는 사람이 맡고 있으면 고객에게 전달되는 최종 가치는 하락하게 된다. 이렇듯 병들어 힘없는 사람을 다른 쪽과 같이 힘 있는 사람(튼튼한 사슬)으로 교체해서 전체 가치 창출이 극대화되도록 하는 것이 가치사슬 분석이다.

가치사슬 분석은 앞서 산업구조분석의 5F 모델을 제안한 마이클 포터 교수가 제안한 개념이다. 마이클 포터 교수는 기업 활동을 주 활동과 보조 활동으로 나누었는데 주 활동은 위에서 언급한 직접적으로 가치가 형성되는 과정에서의 활동을 말하고, 보조 활동은 주 활동을 지원하는 활동으로 구매 활동, 기술 개발, 인적자원관리, 기획 · 재무 · 법률 · MIS(Management Information System)[1]와 같은 활동이다. 이렇게 가치사슬을 통해 고객에게 전달되고 그 과정에서 이윤이 창출된다. 가치사슬 분석을 통해 경쟁사의 최고 수준과 비교하여 자사의 수준을 분석하여 개선하는 데 활용한다.

또한, 가치사슬 분석은 회사 입장에서 가치 생성이 적은 부분을 외부로 위탁하여 운영하는 아웃소싱을 하는 기준으로 삼기도 한다. 나이키의 경우 신발 제조는 전 세계로 아웃소싱하고 본사는 제품 디자인과 판매에만 집중하고 있다. 이는 자사는 가치가 높은 부분에 집중하고 가치가 낮은 과정은 아웃소싱하는 전형적인 사례다.

마이클 포터

경영학을 공부하면서 꼭 알아야 할 경영학의 최고 권위자 중 한 사람이 마이클 포터(Michael E. Porter, 1947~)다. 마이클 포터 교수는 18권의 책과 수많은 논문을 썼는데, 그의 핵심 연구 분야는 경쟁과 전략 분야이다. 앞서 언급한 5F 모델과 가치사슬 분석이 그가 주창한 이론이며, 저술과 연구, 교육 분야를 넘어 사회 문제점에까지 관심을 가지고 공유가치창출(CSV) 개념을 주창한 학자이다.

---

1 MIS(Management Information System): 종합경영정보시스템. 기업의 경영진이나 조직의 관리진에게 투자 · 생산 · 판매 · 경리 · 인사 등 경영관리에 필요한 각종정보를 신속하고 정확하게 공급함으로써 생산성과 수익성을 높이고자 하는 정보시스템을 말한다(매경시사용어사전).

하룻밤 경영학

7S 분석

내부 역량 분석의 다른 한 방법으로 다양한 조직에서 활용하고 있는 7S 분석이 있는데, 7S 분석은 기업의 전략(Strategy), 시스템(System), 조직 구조(Structure), 공유가치(Shared Value), 역량(Skills), 스태프(Staff), 스타일(Style)·문화(Style)를 분석하는 것이다.

이 분석 방법을 컨설팅에 활용한 맥킨지 이름을 따서 '맥킨지 7S 모델'이라고도 한다. S로 시작되는 것이 7개나 되니 복잡하게 느껴질 것이다. 그렇지만 회사 내부의 역량 분석 템플릿으로 유용하게 활용되고 있는 방법이니 하나씩 살펴보자.

위쪽의 3개 전략, 조직 구조, 시스템은 기업의 하드

한 측면을 보는 잣대다. 반면, 음영으로 표시된 아래쪽 넷은 기업의 소프트한 수준을 보는 것이다. 이 두 관점이 조화가 되어야 기업이 제대로 운영될 수 있다. 각 항목별 내용은 다음과 같다.

	7S	내용
Hard	전략	기업의 미래를 위한 효율적인 전략을 가지고 있는지 여부
	조직구조	기업의 보고 체계와 커뮤니케이션
	시스템	업무처리를 위한 기획 예산과 성과 측정과 평가 방법, 정보 시스템 등
Soft	공유가치	회사의 비전과 미션 등 구성원이 공유하는 가치
	역량	회사가 가지고 있는 차별적인 마케팅, R&D 역량
	스태프	조직 구성원들의 동기 부여와 인사관리 수준
	스타일 · 문화	기업문화와 경영진의 리더십 스타일, 업무 스타일 등

이렇게 상하부로 구성되어 있는 7S는 상부의 하드한 부분은 비교적 단기간에 쉽게 바꿀 수 있지만 하부의 소프트한 부분은 바뀌는 데 상당한 기간이 소요되기 때문에, 하드한 부분을 바꿨다고 기업의 경쟁역량이 바로 갖춰지는 것은 아님을 간과해서는 안 된다.

기업의 경영전략

이제는 앞에서 살펴본 내·외부 환경 분석 방법을 토대로 기업이 구사하는 전략들에 대해서 살펴보자. 기업의 경영전략에는 두 가지 관점이 있다. 당장 경쟁사와 어떻게 싸울 것이냐 하는 것과 앞으로 어떻게 성장해 나갈 것이냐 하는 것이 그것이다.

우선 기업은 현재 시장에서 어떻게 경쟁해 나갈 것인가 고민해야 한다. 할인점 식료품매장에서 고객으로부터 선택받기 위해 진열되어 있는 수많은 라면 브랜드를 보면 지금도 업체 간 치열한 경쟁이 이루어지고 있음을 알 수 있다. 이러한 경쟁에서 이기기 위한 경쟁전략이 먼저지만, 지속적인 성장을 위한 전략도 세워야 한다. 새로운 제품을 만들어 성장하거나 해외 시장을 개척하거나 국내 은행처럼 다른 은행끼리 합병해서 성장할 수도 있을 것이다. 이것은 성장전략이다.

먼저 기업의 경쟁전략에 대해서 알아보자. 거의 모든 기업은 지속적인 경쟁에서 벗어날 수 없다. 이러한 경쟁에서 이기려면 상대 회사보다 나은 점이 있어야 한다. 이것을 '경쟁우위'라 하는데 경쟁사보다 우위에 있다는 의미다. 경쟁우위를 갖는 방법은 두 가지밖에 없다. 가격이 싸거나 특별하거나. 가격을 싸게 하려면 원가를 낮춰야 한다. 그래서 경쟁전략은 '원가우위 전략'과 '차별화 우위전략'으로 나뉘진다.

원가우위 전략은 경쟁사보다 원가를 낮춰서 경쟁에서 우위를 갖겠다는 전략이다. 이때 중요한 것은 원가를 낮췄다고 해서 제품의 품질이 떨어져서는 안 된다는 점이다. 품질도 경쟁사와 비슷하거나 더 좋아야 한다. 원가를 낮추는 방법에는 뭐가 있을까?

원가는 완성된 제품을 만드는 데 들어간 돈을 말하는데 여기에는 규모의 경제가 작용한다. 제품 만드는 데 들어가는 부품 100개보다는 10,000개를 조달하는 기업이 더 낮은 가격으로 구입할 수 있을 것이다. 그래서 원가우위전략은 큰 기업이 유리하다.

그리고 경험곡선효과란 것이 있다. 처음 만두를 빚을 때는 시간이 많이 걸리지만 익숙해지면 점차 속도가 빨라진다. 이게 경험곡선효과다. 기업의 제품 생산도 마찬가지다. 처음 제품을 생산할 때보다는 시간이 흐를수록 최적화된 생산 방법이 적용되므로 시간이 지나면 경험곡선효과에 의해 원가를 낮출 수 있다. 이 두 가지가 원가를 낮출 수 있는 가장 중요한 방법이라고 보면, 원가우위 달성은 규모가 큰 기업과 해당

하룻밤 경영학

사업을 오랫동안 한 기업에게 유리하다.

그 외에도 관리비용이나 유통비용, 광고비용 등을 경쟁사보다 줄여서 원가우위를 달성하는 방법이 있다. 농산물 직거래를 하면 가격이 낮아지는 것은 유통비용을 줄여서 원가우위를 달성하는 사례라 하겠다. 미국의 유통기업 월마트도 원가우위전략을 구사하는 대표적인 기업인데, 월마트는 일찌감치 재고전산화를 통해 양질의 제품을 최저가에 판매하는 원가우위 전략을 구사하여 라이벌인 K마트를 제칠 수 있었다.

다음은 차별화우위 전략이다. 여러분이 가격에 영향을 받지 않고 특정 휴대폰 만 사거나 특정 커피숍 만 이용하고 있다면 그 기업은 다른 기업과 차별화우위를 갖고 있는 셈이다. 차별화는 "저 회사 제품은 확실히 달라."라고 말할 수 있도록 만드는 전략이다. 가격경쟁은 가장 쉬운 방법이지만 한계가 있다. 원가 밑으로는 팔 수 없기 때문이다. 그래서 차별화 전략이 중요하다.

		경쟁우위	
		저원가	차별화
경쟁범위	넓다	원가 우위 전략	차별화 우위 전략
	좁다	집중화 전략	
		원가 우위	차별화 우위

차별화 방법에는 눈에 보이는 유형적 차별화와 눈에 보이지 않는 무형적 차별화가 있다. 크기와 색상, 재질, 디자인을 다르게 하는 것은

유형적 차별화이고, 감성적이고 심리적인 차별을 추구하는 것이 무형적 차별화이다. 음식점을 예로 들면, 음식 내용에서 차별화하는 하는 것은 유형적 차별화이고, 서비스나 분위기를 차별화하는 것은 무형적 차별화에 해당한다.

원가우위 전략과 차별화 전략은 전체 시장을 상대로 구사하는 전략이다. 반면에 틈새시장을 대상으로 집중화하는 전략이 있다. 집중화 전략에서도 방법은 원가우위나 차별화우위 중 하나의 전략을 사용한다. 사우스웨스트 항공사는 대형항공사 틈에서 살아남기 위해서 단기노선만을 집중 공략해서 성공했다. 사우스웨스트 항공사는 단기노선이라는 좁은 시장에서 원가우위전략을 통해 성공한 것이다.

마이클 포터 교수는 기업이 시장에서 살아남기 위해서는 위의 세 가지 전략 중 한 가지라도 확실하게 구사해야 한다고 했는데, '가격이 싸든가, 특별(차별화)하든가, 틈새시장에 집중하든가'이다. 이 중 어떤 전략도 구사할 수 없는 기업은 서서히 사라질 것이다.

기업성장 모델을 설명할 때 가장 많이 인용되는 사람은 미국의 경영학자 이고르 앤소프(Igor Ansoff, 1918~2002)다. 앤소프는 경영에도 군사 분야처럼 전략이란 개념을 사용해야 한다고 주장한 사람으로 '경영전략'을 처음으로 말한 사람이다.

앤소프는 기업이 성장하기 위해서는 여러 가지 방향으로 성장하게 되는데 이것을 '성장벡터'라고 하였다. 벡터란 말이 바로 성장 방향을 뜻한다. 기업의 성장벡터는 시장·제품 매트릭스로 이루어지는데, 기존 시장과 새로운 시장, 기존 제품과 새로운 제품의 매트릭스로 이루어진다.

기존 시장에서 기존 제품으로 성장하려는 것이 '시장침투전략'이고 기존 시장에 새로운 제품으로 성장하고자 하는 것이 '제품개발전략'이고 새로운 시장에 기존 제품

이고르 앤소프

으로 성장하고자 하는 것은 '시장개발전략', 새로운 시장에 새로운 제품으로 성장하고자 하는 것이 '다각화 전략'이다.

성장 방향	기존 시장	새로운 시장
기존 제품	시장 침투 전략	시장 개발 전략
신제품	제품 개발 전략	다각화 전략

이 중 어느 방법의 성공 확률이 제일 높을 것 같은가? 기존 시장에 기존 제품으로 성장하는 시장침투전략이다. 성공률이 75%쯤 된다고 한다. 이미 확인된 방법이기 때문이다. 이 전략은 시장이 계속 커진다는 전제가 있지 않으면 기업이 끊임없이 혁신해야 지속적으로 수익을 올릴 수 있다. 그렇지 않으면 수익성이 계속 하락하게 될 것이다.

두 번째 성공률이 높은 방법은 제품마다 차이가 크지만 성공률이 45%쯤 되는 제품개발전략이다. 기존 시장에 새로운 제품으로 성장하는 전략이다. 애플이 대표적인 경우다. 스마트폰 시장에 아이패드와 에어팟이라는 신제품을 출시하여 지속적으로 시장의 선두주자를 유지하고 있다.

다음은 기존 제품으로 새로운 시장에 진출하는 시장개발전략이다. 35% 정도의 성공률을 갖는다. 새로운 시장이란 새로운 지역만을 말하는 것이 아니라 새로운 고객을 포함하는 개념이다. 국내에만 판매하던 제품을 해외시장으로 판로를 개척하는 시장개발전략도 있지만, 그동안에 성인 대상으로만 판매하던 것을 십 대들까지로 시장을 넓혔다면 그

것도 시장개발전략에 포함된다는 의미다. 과거 성인 중심의 휴대폰 시장이 포화되자 10대 대상으로 공격적인 마케팅을 함으로써 시장을 넓혀 온 사례나 여성 중심의 색조 화장품을 남성 대상으로 시장을 넓혀 온 사례를 들 수 있다.

마지막은 다각화전략으로 새로운 시장에 새로운 제품으로 성장하는 전략이다. 성공 확률은 가장 낮은 25~35%쯤 된다. 해 보지 않았던 일을 새로 시도하는 것이기 때문에 성공률도 낮다. 다각화란 말은 다각도로 성장한다는 의미다. 기존 시장에서 기존 제품으로 안 되니 다각도로 생각해서 성장하려는 전략이다.

다각화에는 관련 다각화와 비관련 다각화가 있다. 회사의 기존 사업과 관련되는지 여부로 결정되는데, 대한항공이 저가항공서비스인 진에어에 진출한 것은 관련 다각화 사례에 해당하고, 식품회사인 CJ제일제당이 엔터테인먼트 산업으로 진출한 것은 비관련 다각화 사례이다.

수직통합과 수평통합

　이고르 앤소프의 전략벡터는 기업이 성장하기 위한 네 가지 방향을 제시하고 있다. 이 넷 모두 기업 내부에서 성장하기 위해 노력하는 방향이다. 이렇게 내부에서 성장 방향을 정해서 노력하는 방법도 있지만, 기업 외부에서 이미 존재하고 있는 기업이나 사업을 내부화하여 성장하는 방법도 있다.

　이것을 수직통합(Vertical Integration)과 수평통합(Horizontal Integration)이라 하고 방법에는 전략적 제휴와 인수합병 방법이 있다. 우선 수직통합과 수평통합에 대해서 알아보자.

　수직통합은 앞에서 배운 가치사슬을 2개 이상 동시에 운영하는 것을 말한다. 앞서 설립한 맛나치킨㈜을 생각하면서 일반 회사의 가치사슬을 생각해 보면, 원재료 조달(닭 재료) – 부속재료(양념, 단무지 등) – 제조 – 배달업체 – 소비자 순이 될 것이다. 이때 맛나치킨㈜은 제조를 전문으로 하는 회사이지만 회사의 규모가 커지고 생산량도 증가하면서 닭을 직접 키워 신선한 재료를 사용하겠다는 생각을 할 수도 있고 배달업체를 인수하여 직접 배달함으로써 배달에 들어가는 수수료를 줄이고 좀 더 좋은 서비스를 해야겠다는 생각을 할 수 있을 것이다.

이런 생각이 실행되면 수직통합을 했다고 한다. 소비자 쪽을 앞쪽으로 보기 때문에 배달업체와 같은 유통업체를 통합하는 것을 전방통합이라 하고, 원재료나 부품을 직접 생산하게 되는 것을 후방통합이라 한다.

수직통합을 말할 때 CJ그룹 영화 사업의 예를 많이 든다. 소비자가 영화를 보기까지 과정을 살펴보자. 투자를 받아서 제작을 하고 만들어진 영화를 배급하고, 배급된 영화는 상영관에서 고객을 만나게 된다. 이 과정에서 투자-제작-배급-상영이라는 가치사슬로 고객에게 영화라는 서비스가 전달된다. CJ는 영화

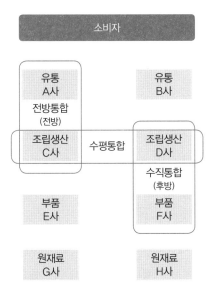

투자에서부터 제작, 배급, 상영까지 모두 관여하고 있다. 그래서 CJ는 영화 산업을 수직적으로 완전히 통합하고 있다고 한다.

수평통합은 맛나치킨㈜과 같이 경쟁하던 다른 치킨 회사를 매입하여 규모를 키우는 통합이다. 가령 CJ CGV가 롯데 시네마㈜나 메가박스 ㈜를 인수하면 수평적 통합이 되는 것이다.

BCG 매트릭스

기업이 다각화를 통해 여러 사업에 진출하게 되면 어느 시점에 동시에 수많은 사업을 하게 된다. 이때 기업의 자원은 무한하지 않으므로 자원의 효율적인 집행이 필요하다. 이것은 어떤 사업을 중점적으로 추진할 것이냐를 결정하는 과정이 된다. 맛나치킨㈜처럼 사업 내용이 단순할 경우에야 직관적으로 어떤 사업을 더 추진하고 어떤 사업은 철수를 해야겠다고 쉽게 판단할 수 있지만, 규모가 큰 회사의 경우는 한 회사에서 진행되는 사업이 수십 개에 이르기도 하기 때문에 어떤 사업에 집중하는 것이 효율적인지 판단하는 것이 쉽지 않다.

이와 같이 여러 사업에 대해서 기업의 자원을 잘 배분하는 것 역시 경영전략의 한 부분이다. 사업 우선순위를 정해서 자원을 적절하게 배분하기 위해서는 사업포토폴리오를 구축해야 한다. 주식에서 위험을 분산하고 투자 수익을 극대화하기 위해 여러 종목에 분산투자하는 것을 포토폴리오라고 하는데, 사업 차원에서도 포토폴리오를 구축해야 한다.

사업포토폴리오를 분석하는 데 유용한 기법이 'BCG 매트릭스'다. BCG는 Boston Consulting Group의 약자다. 유명한 경영 컨설팅업체인 보스톤컨설팅그룹에서 처음 사용한 기법이라 하여 붙여진 이름이다. BCG 매트릭스는 시장성장률과 시장점유율의 높고 낮음으로 나누어 구분한다. 시장성장률은 해당 사업의 미래 예측 성장률을 말한다. 시장점유율은 해당 사업이 속한 시장에서 자사의 점유율을 말하는데, 이때 점유율은 상대적인 점유율이다. 자사의 점율율이 20%인데 경쟁사의 최고 점유율이 40%라면 상대적인 점유율은 50%가 된다. 이런 기준을 표로 나타내면 다음과 같다.

그림이 4개 나와 있다. 우선 캐시카우란 말은 많이 들었을 것이다. 캐시카우란 말을 들으면 돈이 떠오를 텐데, 캐시카우는 돈을 만들어 주는 소다. 성장률은 정체되었지만 시장점유율은 높은 상태의 사업이 이에 해당된다. 한마디로 여전히 돈을 벌어 주는 성숙한 사업을 말한다. 기업은 여기서 나온 돈으로 앞으로 잘될 가능성이 있는 물음표 사업에 투자하게 된다.

성장률은 높지만, 시장점유율은 낮은 사업을

BCG 매트릭스

물음표(Question Mark) 사업이라 한다. 사업이 잘될지 안될지 모르지만 시장이 성장하고 있기 때문에 돈이 많이 들어가는 사업이다. 투자를 포기하면 패배한 개(Dog)가 된다. 자동차 회사의 경우, 수소자동차 사업이 해당 될 것이다.

다음은 성장률도 높고, 점유율도 높은 사업으로 스타(Star)라고 한다. 말 그대로 스타 사업이다. 스타 사업은 성장률도 높지만 그만큼 경쟁도 심한 사업이다. 시장이 급속도로 성장하므로 설비를 확장하고 충분한 자금도 투입되어야 한다. 점유율을 잘 유지하면 캐시카우로 이동할 수 있다.

마지막으로 성장률도 낮으면서 시장점유율도 낮은 경우다. 패배한 개로 불리며 철수 대상 사업이 이곳에 위치한다.

일반적으로 캐시카우로 벌어들인 돈을 물음표에 투자하고 스타를 만들어 이를 캐시카우로 만드는 순환 고리를 만들어야 한다. BCG 매트릭스가 미래에 가져가야 할 사업을 선정하는 데 도움을 주는 좋은 방법이기는 하지만 한계도 있다. 시장점유율이 낮고 시장성장률이 낮아도 수익이 높은 사업이 있을 수 있고, 수익을 내지 못하더라도 사업 간에 시너지를 고려하면서 도입한 사업도 있을 수 있기 때문에 일률적으로 BCG 매트릭스라는 잣대로 구분하는 데는 한계가 있다는 것을 감안해야 한다.

지금까지 회사가 성장을 하기 위해서 내부적으로 직접 해당 사업에 진출하기도 하지만, 수직 · 수평 통합을 통해서 외부에서 가져와 내부화할 수도 있다는 것을 알았다. 이렇게 수직 · 수평으로 통합하여 외부의 것을 내부화하는 것을 인수합병이라 한다. 인수는 두 회사가 유지되는 상태에서 경영권만 가져와 2 회사가 유지되고 있는 상태이고, 합병은 두 회사를 합쳐서 하나의 회사로 만드는 것을 말한다. 예를 들면,

하룻밤 경영학

카카오가 다음의 주식을 확보하여 '인수'한 후 두 개의 회사로 운영되다가 다음카카오라는 이름으로 하나의 회사로 '합병'되어 지금은 회사 이름도 카카오로 변경되어 운영되고 있다.

반면에 전략적 제휴를 통해 같은 목적을 달성할 수 있다. 제휴는 법적으로나 경제적으로 독립된 회사를 유지하면서 전략적으로 상호 협력 관계를 유지하여 경쟁우위에 서고자 하는 전략이다. 심지어 시장에서 적과도 전략적 제휴를 하기도 한다. 애플과 삼성은 시장에서 맹렬히 싸우지만 어떤 부분에서는 전략적인 제휴 관계로 서로 협력하기도 한다. 삼성TV로 애플 아이튠즈의 프로그램을 볼 수 있도록 한 예가 바로 그것이다. 수직통합과 수평통합에서처럼 전략적 제휴도 수직적 제휴와 수평적 제휴로 구분한다. 예를 들면 요즘 항공사끼리 제휴하는 것을 쉽게 보는데 이것은 수평적 제휴에 해당하고, 항공사가 호텔, 여행사, 렌트카 업체와 제휴하는 것은 수직적 제휴에 해당한다.

지금까지 기업의 성장 방법에 대한 여러 가지 전략을 살펴보았다. 기업의 성장에서 다루지 않는 마지막 전략은 철수다. 사업포토폴리오에서 살펴보았듯이, 회사의 자원은 한정되어 있으므로 선택과 집중을 잘해야 한다. 선택되지 못한 사업을 양도하거나 철수하는 것도 중요한 성장전략의 하나다.

사업 철수는 아니지만, 전략상 자사에서 직접 하지 않고 외부화하는 사업도 있다. 이것을 '아웃소싱(outsourcing)'이라 하는데 바깥에서 가져오겠다는 의미다. 자사는 핵심적인 부분에만 집중하고 비핵심 분야는 외부로 위탁하여 활용하는 것이다. 앞에서 가치사슬 분석을 통해서 살펴보았듯이 가치가 낮은 분야로 나타난 사업 분야는 아웃소싱 전략을

택하기도 한다.

메이드 인 아메리카 아이폰은 없다. 애플이 휴대폰 제조는 직접 하지 않고, 중국의 팍스콘이란 회사로부터 아웃소싱을 하기 때문이다. 나이키도 마케팅과 디자인만 본사에서 직접 하고 나머지는 모두 아웃소싱한다. 외국 기업의 경우 우리나라 기업에서는 상상하기 힘든 인사 부분과 교육, 재무회계 부분도 아웃소싱한다.

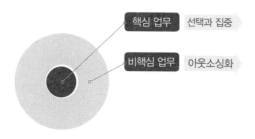

아웃소싱을 하면 아웃소싱 회사의 전문 능력을 활용할 수 있고, 자사입장에서는 비용 절감을 통해 핵심 사업에 보다 집중할 수 있다는 장점이 있다. 반면, 회사의 직접적인 통제가 어려워 노사분규가 일어나거나 자연재해로 인해 품질 관리나 납기에 문제가 발생할 수 있다.

6부

경쟁력은 생산관리에서 시작

항공운수업이나 통신, 컴퓨터, 금융업과 같은 서비스 기업에서는 생산관리라는 개념이 어색하게 들리겠지만, 여전히 우리들이 손으로 만지는 수많은 제품들은 제조 기업의 생산 과정을 통해서 나온다. 서비스 기업에서는 금융 상품이나 소프트웨어와 같이 서비스를 개발하는 일이 생산에 해당한다.

여기서는 기계, 자동차, 의류, 가전제품과 같이 제품을 생산하는 제조 기업에서의 생산관리를 주로 다룬다. 지금의 경영학은 테일러와 포드의 과학적 관리 방법론에서 보았듯이 생산 현장에서 보다  효율적인 생산관리를 통해 생산성을 높이는 방법에서 출발하였다. 기업에서 생산관리를 하는 목적이 무엇일까? 그것은 시간, 품질, 원가, 유연성 등을 통해 생산 효율성을 높이는 데 있다.

이 모든 것은 한마디로 경영전략에서 배웠듯이 경쟁우위를 달성하기 위해서다. 시간을 단축하는 만큼, 품질이 높은 만큼, 원가가 낮은 만큼, 유연성이 좋은 만큼 경쟁회사보다 경쟁에서 우위를 차지할 수 있는 것이다.

여기서 유연성은 생산라인의 유연성을 의미하는데, 예를 들면 개그맨 이경규 씨의 영향으로 하얀 국물 라면인 한국야쿠르트 꼬꼬면의 인기가 엄청났던 적이 있다. 이때, 고객의 수요에 대응 못해 해당 업체가 생산라인의 추가 증설 문제를 고민한다고 보도된 적이 있다. 새로운 생산설비 구축은 엄청난 투자가 따르는 반면, 하얀 국물 라면의 수요가 지속될지 몰랐기 때문이다. 알다시피 지금은 예전만큼 하얀 국물 라면에 대한 인기가 없다. 당시 한국야쿠르트가 생산하던 팔도라면과 같은 다른 생산라인을 유연성 있게 활용할 수 있었다면 추가 투자하지 않고서도 고객의 수요에 어느 정도 맞출 수 있었을 것이다. 제품 수요의 변경이나 설계 변경 등에 신속하게 대처하고 적응할 수 있는 능력을 생산의 유연성이라 한다.

하룻밤 경영학

부품 재고 관리의 혁신, 도요타

생산관리에서 빼놓을 수 없는 중요한 분야가 있다. 재고관리다. 할 수만 있다면 재고를 제로 상태로 유지하는 것이 제일 좋을 것이다. 고객이 필요할 때 필요한 만큼 재료를 가져와서 생산해 주면 재고가 없어도 된다. 지금이야 정보통신의 발달로 실시간으로 재고관리가 이루어지고 있지만, 1930년대에는 재고관리가 모든 기업의 핵심 경쟁력이었는데 후발 사업자인 도요타가 쟁쟁한 유럽과 미국 자동차를 제치고 세계 1위로 도약하게 된 계기가 바로 혁신적인 재고관리 방법의 도입이었다.

2만여 개의 부품으로 이루어진 자동차가 컨베이어벨트에서 조립되는 과정을 생각해 보자. 단 한 곳이라도 부품이 부족하게 되면 자동차의 생산이 멈출 것이다. 그래서 충분한 부품을 확보하고 있어야 하고 그 부품을 준비하기 위해 어마어마한 면적의 창고가 필요해진다. 이런 재고비용을 획기적으로 줄인 방식이 바로 도요타 생산시스템인 TPS(Toyota Production System)다. 그렇다면 도요타는 어떻게 획기적으로 재고를 줄였을까?

재고를 획기적으로 줄인 일본의 도요타 생산시스템을 JIT(Just In Time)라 한다. JIT는 '적기에'란 의미로 필요한 만큼 필요한 시점에 공급한다는 의미를 갖고 있다. 자동차가 2만 여개의 부품으로 만들어져 있다는 것을 생각하면 생산 과정 속에 수많은 공정이 있음을 알 수 있다. 이 공정마다 부품 재고가 발생할 것을 예상할 수 있다.

재고를 최소화하는 방법을 고민하던 당시 도요타의 기계전문가는 미국의 슈퍼마켓을 방문하여 슈퍼마켓에 진열된 제품이 고객 구매로 비게 되면 그만큼 다시 채워지는 것을 보면서 JIT에 대한 아이디어를 얻게 된다. 이를 생산 과정에 적용하여 앞 공정에 부품이 소요된 만큼 뒤의 공정에 순차적으로 전달하여 부품을 채우는 방식을 적용한 것이 JIT시스템인데, 이때 부품 상황을 적어 전달한 카드를 칸반(かんばん, Kanban)이라 하고 칸반을 이용한 시스템이라 하여 JIT시스템을 칸반시스템이라고도 한다. 칸반은 간판의 일본어다.

도요타 JIT 시스템 운영원리

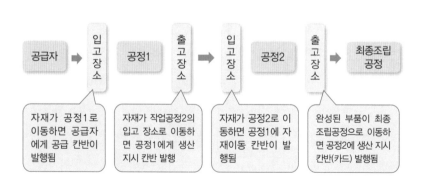

이런 도요타 생산 방식이 미국으로 건너와 미국 방식으로 변경된 것이 '린 경영(Lean Management)'이다. Lean은 비계가 적은 고기, 여윈, 살코기 등의 뜻을 갖고 있다. 린 경영은 단순 재고관리에서의 혁신을 넘어 경영 전체 운영 프로세스에서 불필요한 요인을 제거하고 낭비를 줄여 최대의 효율을 내고자 하는 경영 방식이다. 델(Dell)사를 비롯해 GM, 포드 등 미국의 많은 회사들이 린 경영을 도입했다.

SCM과 물류

SCM(Supply Chain Management)은 공급망관리 또는 공급사슬관리라 한다. Chain은 사슬인데 이전에 가치사슬(Value Chain) 분석에서 안면이 있는 용어다. 가치사슬은 고객에게 전달되는 가치가 사슬처럼 연결되어 발생한다는 뜻이었는데, 공급사슬은 고객에게 제품과 서비스가 전달되는 과정이 사슬처럼 연결되어야 한다는 의미다.

제품이 생산되어 고객에게 전달되려면 원재료 업체, 부품업체, 제조업체, 배송 업체가 유기적으로 연결되어 있어야 한다. 아무리 빨리 생산했더라도 배송 업체가 제때 배송하지 못한다면 납품 기한을 맞출 수 없다. 또한 아무리 영업을 많이 했더라도 제조업체에서 문제가 생기면 원하는 만큼 제공할 수 없을 것이다. 이처럼 기업이 아무리 좋은 제품을 만들어도 소비자의 손에까지 전달되는 과정이 매끄럽지 않으면 기업에서 제공하려는 가치가 온전하게 전달될 수 없다. SCM은 원재료와 부품의 조달, 생산, 유통, 판매 등 개별 프로세스를 마치 하나의 조직처럼 일원화하여 관리하는 것을 의미한다.

공급망관리가 왜 중요할까? 공급 망관리의 중요성은 '채찍효과'로 설 명한다. 손목의 스냅을 이용해서 채찍을 휘두르는 모습을 생각해 보  자. 채찍의 파동은 손목 쪽에서는 약하지만 채찍의 끝부분에 가서는 큰 파동을 일으키게 된다. 채찍의 끝과 같이 공급사슬의 끝에 있는 기업들 은 수요 변화에 큰 영향을 미치게 되어 불필요한 재고 부담을 안게 된 다는 의미다.

판매 쪽에서 100개라 하면, 유통에선 조금 여유 있게 120개를 준비 하고, 생산에서도 만약의 경우를 대비해서 140개를 준비하고, 조달에 서도 마찬가지 이유로 160개를 준비하게 되는데, 이렇게 되면 채찍효 과에 의해서 판매에서 주문한 100개보다 60개를 더 준비하는 비효율 이 발생한다. 이런 비효율을 제거하고자 하는 것이 공급망관리의 목적 이다.

세계적인 글로벌기업은 한 지역에 모든 공급 회사를 두는 경우가 거 의 없다. 우리나라 반도체 회사가 핵심 부품을 일본으로부터 제공받아 오다가 국가 간 분쟁으로 인해 부품 공급에 차질을 빚은 예에서 보듯이 긴밀한 공급망관리는 글로벌기업의 핵심 경쟁우위에 속하게 되었다. 점점 더 증가하는 세계적인 기상이변이나 전염병 확산과 같은 이슈로 인해 세계 곳곳에 흩어져 있는 글로벌 기업의 공급망관리가 더욱 중요 해질 수밖에 없다.

애플의 성공을 스티브잡스라는 천재적인 인물과 혁신적인 제품 외 에 또 한 가지를 들라면 애플의 공급망관리 능력으로 볼 수 있다. 시장

조사 및 컨설팅업체인 가트너가 매년 발표하는 공급망관리 순위에 따르면 애플은 늘 2위와는 압도적인 차이를 보이며 1위를 유지해 오고 있다.

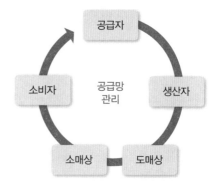

SCM의 개념이 정착되기 전에 과거에는 물류란 개념이 많이 쓰였다. 물건의 흐름을 잘 관리하는 활동을 '물류(物流)'라 한다. 물류는 물건의 보관, 수송, 하역, 포장과 같이 물건의 이동에 한한 개념이다. 그리고 이러한 물류를 경영 활동으로 종합적으로 관리하려는 시도를 '로지스틱스(Logistics)'라 한다.

이삿짐센터 트럭에서 로지스틱이란 용어를 많이 봤을 것이다. 로지스틱은 원래 군사용어로 후방에서 탄약과 식량, 의약품 등을 보급하는 지원 활동을 의미했는데, 기업에서는 재고 계획, 수송과 배송 계획, 조달, 구매, 고객서비스까지 포함하는 경영 활동으로 전략적 관점에서 종합적으로 물류를 관리하는 시스템을 의미한다. 정리하면 로지스틱스는 물류보다 더 큰 개념이고 앞의 SCM과는 비슷한 개념이다.

R&D

R&D(Research & Development)는 연구와 개발이다. 연구개발은 눈에 보이지 않는 생산이다. 기업은 끊임없이 연구개발에 투자해야 한다. 만약 삼성전자 휴대폰사업부가 연구개발을 지속하지 않았다면 폴더폰 수준에서 머물고 있었을 것이고 다른 경쟁자들에 의해 도태되었을 것이다. 그래서 기업의 연구개발비는 그 기업의 성장성을 판단하는 데 중요한 잣대가 되기도 한다. 특히, 제약회사의 경우는 하나의 신약을 개발하는 데 10년씩 걸리기도 하기 때문에 꾸준한 투자가 있어야 하고, 신약 개발 소식에 기업의 주가가 들썩이게 된다.

연구개발은 기초연구와 응용개발연구로 나뉜다. 기초연구는 자연 현상에서 어떤 원리를 발견하는 연구다. 예를 들면 온도를 낮추면 저항이 제로가 되는 물질인 초전도기술을 발견하는 연구를 '기초연구'라 하고 초전도기술을 기초로 열차나 리니어모터카 등의 실제 활용 방법을 연구하는 것을 '응용개발연구'라 한다. 응용개발연구는 응용연구와 개발연구로 나눌 수 있는데, 응용연구는 기초이론을 토대로 실용 가능성을 연구하는 것을 말하고 개발연구는 상업 목적으로 제품화하는 연구를 말한다.

이노베이션

연구개발과 밀접한 관련이 있는 개념이 이노베이션(Innovation), 혁신이다. 연구개발을 통한 기술혁신도 혁신에 포함되지만, 기업에서 혁신이라 하면 더 많은 부분을 포함한다. 기업에서 끊임없이 외치는 구호 중 하나가 혁신, 혁신일 것이다. 혁신을 멈추는 기업은 그저 그런 회사로 남아 서서히 도태될 것이기 때문이다.

혁신을 말할 때 떠올리는 사람이 있다. 오스트리아 출신으로 법학을 전공했으나 미국 하버드대학 교수로 재직하면서 기술경제학 분야를 개척한 사람으로 오스트리아 재무장관까지 지낸 요제프 슘페터(Joseph Alois Schumpeter, 1883~1950)이다.

슘페터는 기술혁신으로 낡은 것을 무너뜨리고 새로운 것을 만들어 변혁을 일으키는 과정을 '창조적 파괴(Creative

요제프 슘페터

Destruction)'라고 하였는데, 기업가는 이런 과정을 통해 이윤을 창출한 다고 했다. 창조적 파괴는 바로 혁신 과정을 의미한다. 슘페터는 기업 가 혁신은 기술혁신뿐 아니라 신제품의 개발, 새로운 생산 방식, 새로운 시장 개척, 새로운 원료나 자원, 새로운 산업구조 구축을 통한 혁신 과 같이 다섯 가지로 혁신 방식을 설명하였다.

슘페터의 혁신 방식에 따라 몇몇 예를 들면 다음과 같다. 애플의 아이폰은 신제품 개발 혁신의 대표적인 사례다. 냉장고 시장이 포화되었을 때 등장한 김치냉장고는 기존에 없던 새로운 시장을 개척한 사례다. 델컴퓨터가 완성품 노트북 시장에서 도입한 주문 생산 방식인 BTO(Build To Order)[1]나 도요타의 JIT시스템은 생산방식에서 혁신을 이룬 사례라 할 수 있다. 인공장기용으로 개발된 생체친화소재나 폴더블폰에서 사용되는 접을 수 있는 디스플레이는 새로운 원료나 자원으로 이룬 혁신 사례다.

---

1 BTO(Build To Order) : 2000년대 초반 미국 PC시장에서 부동의 1위를 차지한 델(DELL)컴퓨터의 주문 생산 방식으로 고객이 제품과 옵션을 선택해서 인터넷이나 전화로 주문하면, 그 정보로 제작하여 고객에게 일주일 내 배달하는 판매 방식이다.

하룻밤 경영학

품질관리와 식스시그마

생산관리를 생각하면 가장 먼저 떠오르는 생각이 품질관리일 것 같다. 기업에서 생산하는 제품의 품질은 그 기업의 브랜드 가치에 큰 영향을 준다. 우리가 특정 브랜드의 제품을 지속적으로 구입하는 데에는 여러 가지 이유가 있겠지만 가장 큰 이유는 품질일 것이다. 그래서 품질관리가 중요하다.

품질관리는 영어로 QC(Quality Control)라 한다. 품질관리에서는 데밍이란 사람을 빼놓을 수 없다. 앞서 PDCA 사이클을 제안한 사람으로 언급되었는데, 통계학자인 윌리엄 에드워드 데밍(William E. Deming, 1900~1993)은 2차 대전에서의 패전으로 실의에 빠져 있던 일본 기업을 통계적 품질관리 방법으로 살려 낸 은인으로 통한다. 그의 기여는 1970년 오일쇼크 이후 일본 기업이 미국 기업을 능가

에드워드 데밍

하는 계기가 되었다 한다. 이때까지만 해도 품질관리는 현장에서의 품질관리에 머물렀다.

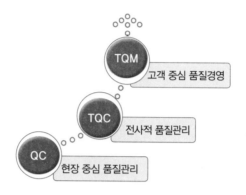

현장 노동자 관리를 통한 품질관리의 개념을 전사적인 차원으로 끌어올린 것이 TQC(Total Quality Control) 전사적 품질관리다. TQC는 1950년대 최고의 제조기업인 GE사의 품질관리부장이었던 파이겐바움이 처음으로 주창한 개념으로 최고경영자부터 현장 직원까지, 생산 현장뿐 아니라 기업 내의 전 부서에서도 품질 인식을 공유해야 한다는 관점이다.

1990년대에 이르러 고객의 니즈가 더욱 다양해지면서 고객 관점을 중시한 품질관리 방법이 등장하는데, 그것이 TQM(Total Quality Manaement) 종합품질경영이다. 최고경영자의 지휘 아래 고객만족 관점에서 품질을 최우선 과제로 삼고 기업의 모든 역량과 자원을 집중한다는 전략 차원에서 접근하는 품질관리 경영 기법이다. 이러한 종합적 품질경영 관점에서 한 걸음 더 나아간 경영관리 기법이 식스시그마 경영 기법이다.

식스시그마 기법은 1986년 모토로라가 처음 도입한 품질관리 기법인데 품질관리 기법의 끝판왕이라고 할 수 있다. 식스시그마(6σ)는 통계학에서 가져온 개념으로 표준편차를 의미하는데 0.000006분의 1이라는 숫자를 말한다. 품질의 편차를 줄여 100만 개 중 3~4개의 불량만 허용하겠다는 의미다.

모토로라는 당시 일본의 무선호출기 품질보다 크게 떨어져 위기감을 느끼고 식스시그마 경영을 도입한 결과, 1987년에서 1997년 10년 동안 100만 개 중 6,000개였던 불량 건수가 25개로 크게 줄고 제품 수명도 3년에서 22년으로 증가하고 순이익은 3.8배, 주가는 6.6배나 증가하는 성과를 올렸다. 이어 GE의 잭웰치 회장이 이를 도입하여 큰 성과를 올리자 전 세계 기업들이 도입하게 되고, 우리나라 삼성, LG 등도 도입하면서 국내 대부분 기업으로 확산되었다.

식스시그마 기법은 처음엔 품질관리 활동으로 시작했지만, 점차 전사적으로 확대되어 연구 개발, 마케팅, 인사를 포함한 종합 경영 프로세스의 품질관리로 발전되어 왔다. 식스시그마 경영 추진 단계는 DMAIC(Define - Measure - Analysis - Improve - Control)이다. 문제를 정의하고 측정하고 분석하여 개선하고 관리하는 단계로 진행된다.

한때 거의 모든 기업에 유행처럼 확산되던 식스시그마 기법을 지금도 활용하고 있는 기업을 발견하기 어렵다. 식스시그마 기법은 효율과 성과를 중요시하던 제조업 시대에는 적합하였지만 자율성과 창의성이 중요시되는 지식정보화 시대에는 들어맞지 않다는 시각이 제기된다.

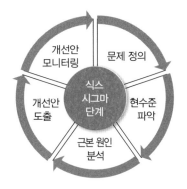

ERP(Enterprise Resource Planning), 전사적 자원관리라 한다. 앞의 생산관리 방식에서 보듯 현장 품질개선 단계에서 전사적 품질관리로 발전한 과정이나, SCM에서 물류 흐름만의 관리에서 경영과 전략적 관점의 이동관리로 발전한 과정에서 생산관리에서의 발전 단계들은 모두 부분 최적화에서 전체 최적화 단계로 이행하고 있음을 알 수 있다.

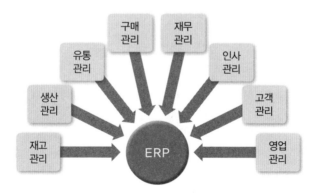

ERP 역시 회사를 운영하는 전산관리 프로그램 대상이 전사적인 차원으로 바뀌었다는 의미다. 1980년대만 하더라도 어떻게 하면 재고를 줄일 것이냐는 것이 초점이었기에 재고관리를 위한 프로그램인 MRP(Material Requirement Program), 즉 종합생산관리 프로그램으로 만족했지만, 위의 품질관리에서 보듯 점점 다양해지는 고객니즈와 더불어 더욱 빨라지는 의사결정에 부합하기 위해서는 기업을 지원하는 전산 프로그램도 회계·재무·생산·인사·판매와 재고관리 프로그램이 독립적으로 운영되어서는 삐걱거리게 될 수밖에 없다. 이 같은 상황에서 이들 시스템을 통합하여 운영하는 것이 ERP시스템이다. 그림에서 보듯 경영학에서 다루는 거의 모든 항목의 전산 프로그램이 통합된 것이 ERP란 것을 알 수 있다.

OEM과 ODM

다음은 두 가지 위탁 생산 방식을 알아보자. OEM(Original Equipment Manufacturing) 방식은 많이 들어 봤을 것이다. 주문자 상표 부착 방식이라 하는데, 주문자가 제공한 설계도에 따라 단순 하청을 받아 생산하는 방식이다. 대기업에서 동남아 등 인건비가 싼 곳에 공장을 설립하여 제조 방식을 제공한 후, 만들어진 제품에 자사의 브랜드를 부착하여 유통하는 것을 OEM 생산 방식이라 한다.

OEM	제조사 (주문사에서 설계도 제공)	제품 (주문사 상표 부착)	주문사
ODM	제조사 (자체 설계, 개발, 생산)	제품 (주문사 상표 부착)	주문사

ODM(Original Development Manufacturing) 방식은 제조업체가 제조기술을 가지고 제작한 제품을 판매망을 보유한 유통업체에 공급하는

하룻밤 경영학

생산 방식이다. 제조자 개발 생산, 생산자 주도 방식이라고 한다. 핵심은 누가 제조기술을 가지고 있느냐에 따라 구분된다. 코스맥스나 한국콜마와 같은 화장품 회사는 자체 제조기술을 가지고 아모레 퍼시픽㈜이나 LG생활건강㈜과 같은 유통망업체에 자사가 개발한 제품을 공급한다. 코스맥스나 한국콜마의 ODM 생산 방식에서도 브랜드는 주문자의 브랜드를 부착하여 공급한다.

PB와 NB

PB(Private Brand)는 유통업체 브랜드이고, NB(National Brand)는 제조업체 브랜드이다. 요즘 할인점이나 편의점 같은 유통업체에 유통업체 자체 브랜드가 눈에 많이 띈다. 이처럼 유통업체가 제조업체에 의뢰해서 자신의 브랜드를 붙인 것을 PB라 하고, 제조업체가 만들어 자체 판매하는 제품을 NB라 한다.

PB 제품의 특징은 유통비용이 들지 않으므로 상대적으로 가격이 싼 편이라는 점이다. 품질만 동일하다면 고객 입장에서는 나쁠 것이 없다. 하지만, 유통업체가 자체 브랜드 상품을 자꾸 내놓게 되면, 기존 산업 생태계를 해친다는 우려도 있다.

업체	PB제품			NB제품			제조사	PB제품 대비 NB가격 차(%)	평균(%)
	사진	제품명	가격	사진	제품명	가격			
CU (3개)		CU 초코우유 500ml	1,500원 (100ml 당 300원)		가나 초코 우유 300ml	1,200원 (100ml 당 400원)	㈜푸르밀	33.3	24.0
		CU 우유 200ml	700원 (100ml 당 350원)		매일우유 오리지널 200ml	900원 (100ml 당 450원)	매일유업㈜	28.6	
		CU 우유 500ml	1,500원 (100ml 당 300원)		매일우유 오리지널 500ml	1,650원 (100ml 당 330원)	매일유업㈜	10.0	
GS25 (7개)		신선한 딸기우유 250ml	900원 (100ml 당 360원)		맛있는 우유(딸기) 200ml	900원 (100ml 당 450원)	남양유업㈜	25.0	9.1
		신선한 초코우유 250ml	900원 (100ml 당 360원)		맛있는 우유(초코) 200ml	900원 (100ml 당 450원)	남양유업㈜	25.0	

7부

팔아야 돈! 마케팅 전략

경영전략에는 기업 수준, 사업부 수준, 기능 수준의 전략 수준이 있음을 살펴보았다. 마케팅 전략은 기능 수준의 경영전략에 해당한다. 먼저, 마케팅이 무엇인지부터 알아보자. 인문계통의 학생들에게 기업에서 어떤 일을 하고 싶은지를 물으면 대개 홍보마케팅 분야에서 근무하고 싶다고 한다. 그만큼 기업에서 마케팅부서는 직원들에게 선호되는 부서다.

마케팅은 Market(시장)에 ~ing를 붙인 단어다. 시장은 뭐하는 곳인가? 교환이 일어나는 장소다. 자급자족 시대에는 교환이 불필요했지만 분업과 전문화 사회가 되면서 생산자와 소비자 간의 교환이 필요하게 된다. 소비자의 욕구를 충족하는 제품과 서비스를 만든 생산자와 소비자의 효율적인 교환을 촉진시키는 활동을 마케팅이라 한다. 여러 단체와 학자들이 마케팅을 다르게 정의하고 있지만 마케팅의 아버지로 추앙받는 필립 코틀러(또 한 분의 아버지, 꼭 기억해야 할 분!)의 정의를 보면 이렇다.

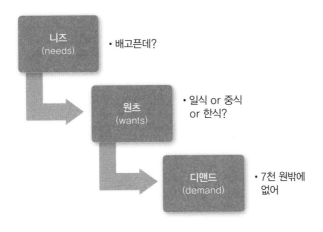

"Marketing is human activity directed at satisfying needs and wants through exchange process." 마케팅은 교환 과정을 통해 필요와 욕구를 충족시켜 주는 인간 활동이다.

여기서 needs는 필요로 wants는 욕구로 번역을 했지만, 두 단어 어떻게 다를까? 니즈가 더 큰 개념이다. 니즈가 근본적인 욕구라면 원츠는 각자의 환경과 상황에 맞춰 생기는 보다 구체적인 욕구라고 볼 수 있다. 가령, 갈등이 난다는 것은 니즈지만, 스포츠 음료를 먹고 싶다는 것은 원츠에 해당한다. 그리고 실제 수요는 구매력이 뒷받침될 때 일어난다.

니즈는 시장에서의 보편적인 욕구라면 원츠는 보다 구체적인 욕구이므로 마케팅 전략에서 먼저 소비자의 니즈가 있는지를 파악하고 다음 단계로 그 니즈에 부합하는 구체적인 원츠를 만족할 수 있는 전략을 세워야 한다.

영업과 마케팅

마케팅과 영업은 어떻게 다를까? '어떤 부서에서 근무하고 싶은가?' 라는 질문에 대다수가 마케팅부서에서 근무하고 싶다고 대답할 테지만 어떻게 다른지를 설명하라면 쉽지 않을 것이다. 한마디로 설명하자면, 마케팅에서 나온 판매 전략을 토대로 영업에서 판매하게 된다.

둘 다 판매를 잘해야 한다는 공통 목표를 가지고 있지만 둘의 입장은 다르다. 마케팅은 보다 장기적인 관점에서 일하고 영업은 매일매일 판매고를 높여야 하는 단기적 관점에서 일한다. 오늘의 판매 실적은 이전의 마케팅 전략에 의해 결정되기 때문에 서로 공생관계에 있다. 하지만, 마케팅은 광고에 돈을 쓰려 하고 영업은 판매를 늘리는 데 도움이 되는 판매 촉진비를 쓰려 한다. 상대적으로 마케팅은 광고회사나 리서치회사, 이벤트 회사와 같은 회사와 갑의 입장에서 일하지만 영업은 고객과 상대하므로 을의 입장에서 일한다.

그래서 대부분 사람들은 마케팅을 더 선호하게 되지만, 회사에서는 현장을 모르고 마케팅을 해서 안된다며 영업부서에서 영업을 해 본 직원을 대상으로 마케팅부서 직원을 선발하기도 한다. 또한, 실제 매출을 일으켜 회사의 직접적인 성장을 좌우하는 것은 회사의 영업 실적이므로 영업부서 직원을 승진에서 우대하기도 한다.

STP

이제 여러분이 최고급 스포츠카인 람보르기니를 한국시장에 마케팅하게 되었다고 가정해 보자. 여러분들은 누구에게 어떻게 홍보해서 어떤 방법으로 판매할 것인가? 적어도 람보르기니를 전 국민 상대로 대중광고를 할 생각을 하지 않을 것이다. 모르긴 해도 람보르기니를 살 만한 사람들에게 집중 홍보해야겠다는 생각은 들 것이다.

마케팅전략은 STP로 시작한다. S는 Segmentation으로 전체 시장을 비슷한 성격의 시장으로 세분화하는 것이고, T는 Targeting으로 세분화된 시장에서 마케팅할 목표 시장을 선정하는 것이고, P는 Positioning으로 기업이 목표로 하는 소비자 머리와 마음속에 나의 제품이 자리 잡게 만드는 것이다. 하나씩 알아보자.

🔍 ⓦ 시장세분화(Segmentation)

마케팅에서 제일 먼저 할 일은 전체 시장을 상대로 마케팅할 계획이
아니라면 제품을 판매할 시장을 찾는 일이다. 전체 시장을 비슷한 욕구
를 가진 사람이 모인 집단으로 쪼개는 일을 시장세분화(Segmentation)
라 한다. 자동차에 대한 선호도가 얼마나 다양한가? 거기서 람보르기
니를 선호할 만한 집단을 찾기 위해 비슷한 선호도를 가진 시장으로 쪼
개는 것이다.

세분화 기준

	기준변수	구체적 세분화 항목
소비자 관점	인구통계적	연령, 성별, 소득, 직업, 교육 수준, 종교 등
	지리적	거주 지역, 인구밀도, 기후, 지역 특성 등
	심리적	사회 계층, 라이프 스타일, 개성 등
제품 관점	제품에 대한 행동	구매 빈도, 구매 계기, 브랜드 충성도, 가격 민감도 등

이렇게 시장을 쪼개는 기준으로 4가지가 있다. 소비자 관점에서는 인
구통계학 기준, 지리적 기준, 심리적 기준 3가지가 있고 제품 관점에서
는 행태적(제품에 대한 행동) 기준이 있다. 이렇게 세분 시장으로 나누다
보면 자신이 가진 제품에 알맞은 시장을 발견할 수 있다. 연령별로, 소
득별로, 거주 지역별로, 사회 계층별로, 개성별로, 사용 경험별로 시장
을 나누는 과정에서 자신이 목표로 하는 시장이 드러나게 되는 것이다.

하룻밤 경영학

🔍ⓦ 타기팅(Targeting)

자원이 무한하다면 모든 시장(소비자)을 목표로 하면 되겠지만 지금처럼 고객의 욕구가 다양한 시장에서 그렇게 하기는 힘들다. 타기팅은 선택과 집중을 하기 위해서 사용하는 전략이다.

타기팅은 앞에서 세분화한 시장(소비자)별로 자사에 매력적인 시장(소비자)을 목표로 하는 표적시장을 선정하는 과정이다. 표적시장은 어떤 시장을 공략할 것인가를 결정하는 것이다. 표적시장을 선정할 때는 그 세분화된 시장을 공략할 만한 기업 여력이 있는지, 시장 크기와 성장성을 감안할 때 돈이 될 만한 시장인지, 접근할 수 있는 시장인지, 싸워서 이길 수 있는 시장인지 등을 감안해서 결정한다.

우리가 주위에 흔히 볼 수 있는 다양한 카페들 중에 아이들이 들어갈 수 없는 노키즈 카페, 애견과 함께할 수 있는 카페, 북카페, 만화 카페와 같은 것들은 모두 타기팅을 해서 자리 잡은 카페들이다. 소비자의 욕구가 다양해짐

에 따라 기존 제품과 서비스들도 점점 세분화되고 있고 이런 세분 시장을 잘 타기팅해서 공략하면 비즈니스 기회가 생기게 된다.

🔍 포지셔닝(Positioning)

포지셔닝은 위치(position)란 단어에 ~ing가 붙어 있다. 소비자의 마음속에 자리 잡게 한다는 의미다. 표적시장에서 자사 제품의 차별적인 부분이 소비자의 마음과 머릿속에 자리 잡도록 하는 것이다. 애플휴대폰 하면 디자인이 좋은 폰이란 생각이, 다이소라 하면 저렴하고 실용적인 제품, 자일리톨 하면 건강에 좋은 껌이라는 생각이 머릿속에 자리 잡고 있다. 이렇게 기업이 제공하는 제품에 대해서 '왜 우리 회사의 제품을 사야 하는가?'에 대한 답을 소비자의 머릿속에 각인하는 과정이 포지셔닝이다. 제품을 포지셔닝 하는 방법은 앞에서 나온 차별화하는 요소를 활용한다. 제품 고유의 특성, 서비스 방법, 유통방법, 이미지, 가격과 품질 등과 같은 것을 차별화하는 것이다.

사람의 머리는 한 분야에 대해 몇 가지밖에 기억 못 하는 특성이 있으므로 다양한 분야의 차별성을 갖고 접근하면 실패할 가능성이 높다. 가령 자동차를 예로 들면 빠르고 튼튼하고 크고 안락하고 조용한 자동차라고 소구[1]하면 특징이 없는 차가 되어 차별화하기 힘들다. 볼보자동차라 하면 튼튼한 차라는 이미지가 바로 먼저 떠오른다. 그래서 핵심적으로 차별화할 수 있는 한두 부분으로 소구해야 한다.

포지셔닝은 먼저, 자사가 가지고 있는 차별성과 경쟁사들의 차별성을 토대로 포지셔닝 맵을 작성해서 자사와 경쟁사 제품의 위치를 파악

1　소구 : 광고나 홍보를 통해 구매 동기를 유발하는 것을 말한다.

해야 한다. 포지셔닝 맵이란 그림과 같이 가로와 세로에 제품의 중요한 비교 속성을 넣고 자사 제품의 위치를 확인하는 표다. 그림의 포지셔닝 맵에서 자사의 이상 지점은 가격은 중반대이면서 성능이 높은 지점이 된다.

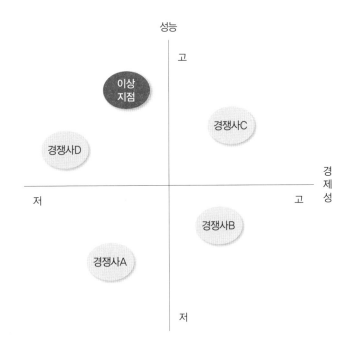

이렇게 자사 제품의 포지셔닝이 끝나면, 우리 제품은 이러이러해서 고객이 구매할 가치가 있다는 것을 한마디로 정의할 수 있어야 한다. 이것을 '독특한 판매 제안(USP, Unique Selling Proposition)'이라고 하는데, LG그램 노트북의 경우 가벼움과 지속성이 핵심 이점이다. LG그램에 대한 USP를 어떻게 할 수 있을까? LG에서는 "시간을 그램하다"라는 USP로 LG그램의 핵심 이점을 표현했다. LG그램의 무게와 긴 사용 시간을 압축적으로 표현했다.

지금까지 STP 전략에 대해서 알아보았다. 정리하자면, STP 전략은 기업이 만든 제품을 어떤 시장에서 어떤 고객에게 어떤 부분을 소구할 것이냐를 결정하는 전략이다.

4P 믹스 전략

이제는 STP전략으로 정해진 목표시장과 포지셔닝전략을 토대로 실제 마케팅 현장에서 사용하는 마케팅의 ABC, 4P에 대해서 알아보자. 4P는 마케팅믹스(Mix)라고도 하는데, 마케팅믹스는 마케팅의 4가지 요소를 섞어 전략을 수립한다고 해서 붙여진 이름이다. 보통 기업에서 '마케팅한다'라 하면 4P 관점에서 일을 한다는 의미다. 4P는 제품

(Product), 가격(Price), 유통(Place), 촉진(Promotion)이다. 어떤 제품을 어떤 가격으로 어디에서 어떻게 알려서 팔 것이냐를 결정하는 과정이다. 4P 믹스 전략은 상품을 출시할 때뿐 아니라 월, 분기, 연간 기준으로 수시로 수립되고 실행된다. 먼저 제품 전략을 알아보자.

🔍 제품(Product) 전략

제품은 기업이 고객에게 팔고자 하는 물건(제품)이나 서비스다. 제품이면 제품이지 제품에 무슨 전략이 필요할까? 우리가 매장에서 마주하는 핸드폰을 생각해 보자. 같은 회사 핸드폰이라 할지라도 다양한 모델이 있고, 기능과 색상, 디자인도 다르다. 핸드폰을 담은 박스도 다르고, 핸드폰을 제공하면서 주어지는 이어폰, 배터리, 매뉴얼과 같은 부속품들도 다르다. 그리고 핸드폰 AS 기간도 제품에 따라 다를 수 있다. 이런 것들이 모여서 하나의 제품을 구성한다.

제품전략 결정단계

제품 전략 단계는 제품믹스 → 브랜딩 → 패키징 → 레이블링 → 서비스 결정 순으로 이루어진다. 제품전략 첫 번째 단계는 제품믹스, 즉

제품 구색을 정하는 것이다. 기능별로 가격별로 타깃별로 고객에게 제공할 제품 종류를 정하는 것이다. 이렇게 정해진 제품에 대해서 상표(brand)를 결정한다. 상표 작업은 고객과 직접 소통하는 이름뿐 아니라 디자인, 기호, 심볼 등을 포함하는 부분을 말한다.

다음은 포장 작업(packaging)이다. 제품이 아무리 좋더라도 포장이 제대로 되지 않으면 제품 수준을 떨어뜨리게 된다. 어떤 용기와 어떤 포장재를 쓸 것이냐를 결정하는 단계다. 다음은 레이블링(Labeling)으로 제조연월일, 사용법, 주의사항 등 고객과 소통하는 부분을 기록하는 단계다. 마지막은 서비스 결정으로 서비스 기간이나 설문 내용을 결정하는 단계다.

제품에도 생명이 있다. 사람과 같이 태어나면 언젠가 사라진다. 이 것을 '제품의 수명주기(PLC, Product Life Cycle)'라 한다. 제품의 수명주기는 도입기 – 성장기 – 성숙기 – 쇠퇴기이다. 사람으로 보면 유년기 – 청년기 – 장년기 – 노년기로 보면 될 것 같다. 이런 제품의 주기에 따라 마케팅 방법도 달라져야 하는데, 4P에 대한 설명 후 다시 한 번 알아볼 것이다.

🔍 가격(Price) 전략

가격 전략은 고객과 경쟁사와 심리 싸움을 통해서 결정되는 전략이다. 고객 입장에서 부담하는 만큼의 가치가 있어야 하고, 경쟁사의 가격을 고려하면서 최고의 수익을 낼 수 있는 수준을 결정해야 하니 쉬운 일이 아니다.

가격 결정은 세 가지 방법으로 이뤄진다.

첫 번째는 원가 기준으로 결정하는 방법이다. 원가는 그 제품을 만드는 데 들어간 인건비와 재료비 같은 것들이다. 적어도 원가보다는 높게 팔아야 회사가 이익을 낼 수 있다. 그럼에도 불구하고 원가 이하로 팔 때도 있다. 시장을 빨리 확장하기 위해서 혹은 경쟁사를 죽이기 위해서도 그렇게 하고, 어느 정도 수익을 낸 시점에서 해당 제품을 철수하고 새로운 제품을 부각하기 위해서도 그렇게 한다.

두 번째는 수요 기준, 즉 사고 싶어 하는 고객의 숫자를 보고 결정하는 기준이다. 경제학 시간에 배우는 수요곡선이란 게 있다. 가격이 높아지면 수요가 줄고, 가격이 떨어지면 수요가 는다는 법칙이다. 수요곡선을 감안해서 적정 수준의 가격을 책정하는 방법이다. 항공기나 열차가격, 영화관 입장 가격이 시기나 시간에 따라 달라지는 것은 수요에 따라 가격을 결정하는 것이다.

세 번째는 경쟁 기준이다. 시장에서 경쟁자의 가격을 감안해서 결정하는 방법이다. 아무리 합리적인 가격을 책정했다고 호소해도 소용없다. 동일한 조건의 제품이라면 경쟁사의 가격을 고려해야 하며, 경쟁 강도에 따라 가격이 달라진다.

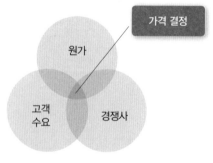

이처럼 가격전략은 원가, 고객, 경쟁을 감안하여 교집합을 찾는 어

려운 과정이다. 그리고 제품과 상황에 따라 다음과 같은 가격정책을 사용한다.

'상층흡수 가격전략'이 있는데 영어로는 Price Skimming 전략이라 한다. 제품을 시판할 때 높은 가격을 책정하여 기꺼이 높은 가격을 지불하는 고객들로부터 이익을 극대화하고 새로운 제품의 출시 준비를 하면서 서서히 가격을 낮추는 전략이다. 개발비용이 많이 드는 휴대폰이나 노트북 같은 제품에 적용하는 가격 전략이다. 일단 사고 보는 얼리어답터를 노리는 전략이다.

'시장침투 가격전략'도 있는데 영어로는 Penetrating Pricing 전략이라한다. 침투가격은 원가나 수요를 고려하기보다 경쟁사보다 낮은 가격을 책정하여 초기에 시장점유율을 높이겠다는 전략이다. 초기에 시장점유를 확보하며 수익의 안정화를 꾀한다는 것을 기대하지만 실제로는 한번 하락한 가격은 다시 올리기도 힘들 뿐 아니라 수익률도 낮아지기 때문에 경쟁사에 비해 제조원가나 판매와 유통에 드는 비용을 획기적으로 줄일 수 있을 때 취할 수 있는 전략이다.

'명품가격 전략'은 영어로 Prestige Pricing이라 한다. 소비자에게 자사의 제품이 최고라는 이미지를 유지하기 위해 취하는 전략이다. 높은 가격과 품질을 동일시하는 사람들의 인식을 이용하는 전략이므로 가격을 내리면 오히려 수요가 하락할 수도 있음을 주의해야 한다. 명품 브랜드의 가격전략에 해당한다.

'낚시 가격정책' Bait and Hook Pricing도 있다. 제품 가격은 낮게 설정하여 구매를 유도한 뒤, 제품에 필요한 소모품과 교체 부품 가격을 높게 설정하는 가격전략이다. 프린터, 게임기 같은 것이 대표적인 예가 되겠다.

🔍 유통망(Place) 전략

유통망 전략은 기업의 제품을 원하는 고객에게 원하는 시간과 장소에 원하는 만큼 제공할 수 있도록 하는 전략이다. 제품이 통과하는 경로란 의미에서 '채널(Channel) 전략'이라고 한다.

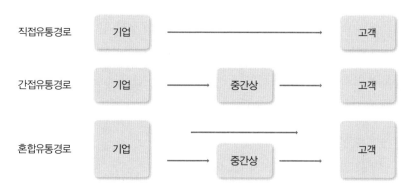

유통망 유형에서는 자사의 제품을 소비자에게 직접 판매할 수도 있고, 중간상을 거쳐 판매할 수도 있다. 그리고 둘을 함께하는 경우도 생각해 볼 수 있다. 이를 '직접유통경로', '간접유통경로', '혼합적 유통경로'라고 한다. 여기서 중간상은 다시 도매상 – 중간도매상 – 소매상 형태로 나눠진다. 대체로는 혼합적 유통경로를 활용하지만, 제품의 성격과 회사의 상황에 따라 다르다.

생각나는 유통망을 열거해 보자. 편의점, 슈퍼마켓, 전문점, 백화점, 할인점, 양판점, 회원제 도매클럽, 아울렛 등의 소매상과 소매상에 제품을 제공하는 도매상, 대리점 등이 있다. 이런 다양한 유통망은 자사의 제품만 취급하는 유통망도 있지만 모든 회사의 제품을 취급하는 유통망도 있다. 자사의 제품만 취급하는 유통망은 쉽게 통제할 수 있지만 모든 회사의 제품을 취급하는 유통망은 통제하기 어렵다. 이처럼 유통망의 통제 정도에 따라 분류하는 것을 유통 범위에 따른 분류라 하고 다음과 같다.

'집중적(Intensive) 유통 전략'은 개방적 유통전략이라고도 하는데, 가능한 많은 판매처를 확보하려는 전략으로 편의점에 있는 제품을 생산하는 기업들을 위한 유통전략으로 생각하면 된다. 가능하면 많은 중간상, 도매업체와 소매업체를 통해 소비자가 손쉽게 접근할 수 있도록 한다. 통제 수준이 가장 낮은 유통망 정책이다.

'전속적(Exclusive) 유통 전략'은 배타적 유통전략이라고 하는데, 특정 지역의 소수 중간상에게만 유통 권한을 부여하여 자사의 제품만 판매하게 한다. 제품의 고급 이미지를 유지하기 위한 전략으로, 고객이 기꺼이 판매 장소를 찾는 수입 명품이나 고급 자동차 등에 대한 유통전략이다. 통제 수준이 가장 높은 유통망 정책이다.

'선택적(Selective) 유통 전략'은 집중과 전속유통 전략의 중간 형태에 속하는데 제품 판매에 대한 전문성이 필요한 제품 대상의 유통 방식으로 중간상의 숫자를 제한한다. 의류나 가구, 가전제품의 판매망을 예로 들 수 있다.

구분	집중적 유통	전속적 유통	선택적 유통
전략	가능한 많은 점포 확보하여 자사 제품 취급하게 함	지역별로 한 점포만 선정하여 독점권 부여	한 지역에 제한된 수의 점포 판매권 부여
제조업체 통제력	낮다	높다	제한적이다
사례	소비재	명품매장	의류가구, 가전매장
	음료수, 과자, 치약 등	크리스천디올향수, 프라다, 샤넬 등	삼성대리점, 한샘 부엌가구 대리점 등

대부분 기업이 간접 유통경로를 갖고 있기 때문에 간접유통망 정책을 어떻게 펼치느냐에 따라 영업 실적이 오르내린다. 중간상 수수료를 어느 수준으로 책정할지, 중간상 숫자를 늘릴지 줄일지, 우수 중간상에 대한 포상 방법은 어떻게 할지와 같은 부분을 경쟁사의 것을 감안하여 전략을 세워야 한다. 새로운 휴대폰이 나올 때마다 등장하는 이동통신사의 유통망에 대한 보조금 지원정책도 이런 과정에서 나오는 전략이다.

ⓦ 촉진(Promotion) 전략

촉진은 판매를 촉진하는 전략을 말한다. 판촉전략이라고도 한다. 판촉 방법에는 광고, 홍보, 판매촉진, 인적·직접판매 4가지가 있다.

광고와 홍보의 차이를 알아보자. 개인적으로 기업 생활을 한참 하는 동안에도 둘 차이를 잘 몰랐다. 큰 기업에서는 명확하게 홍보팀과 광고

팀이 분리되어 있지만 작은 기업에서는 한 부서에 두기도 한다. 영어로 광고는 Advertisement이고, 홍보는 Public Relation으로 표현되는데 완전히 다른 일을 한다.

매체를 이용하여 자사 제품의 이점을 전달하는 것을 광고라 한다. 과거에는 광고하면 TV 광고, 신문 광고, 라디오 광고, 잡지 광고, 전단지 광고 등이 주류였으나, 지금은 정보기술의 발달로 인터넷 광고, SNS 광고, 블로그 광고 등 다양해졌다.

광고는 고객을 대상으로 제품을 알리는 역할을 하지만, 홍보는 대중을 상대로 기업 이미지를 높이는 활동을 한다. 언론에 보도자료를 내보내거나 지역사회 특별행사 지원을 한다거나 스포츠 기업 스폰서를 함으로써 장기적으로 좋은 이미지를 구축하려는 전략이다. 영어로 구분하면 광고는 'Buy Me' 전략이고, 홍보는 'Know Me' 전략으로 정리할 수 있다.

판매촉진은 단기적인 판매 확대를 위해 소비자에게 직접 영향을 주는 활동으로 각종 이벤트, 쿠폰, 원 플러스 원, 신학기 이벤트, 샘플 제공, 무료 시식과 같은 행사를 말한다. 해당 기업 웹사이트에 접속했을 때 팝업으로 뜨는 행사들이 대부분 판매촉진 전략으로 이루어지는 것들이다.

인적판매는 판매사원이 제품이나 서비스의 설명을 위하여 고객에게 직접 다가가는 촉진 방법이다. 특히, 기업을 상대로 하는 영업에서는 장기적인 고객 관계와 제품의 전문적인 설명이 중요하므로 인적판매 방법이 중요하다. 직접판매촉진은 유통망에서 말한 중간상을 활용하지 않고 판매하는 방법으로 카탈로그, 이메일, 전화, TV홈쇼핑 등의 방법이 있다.

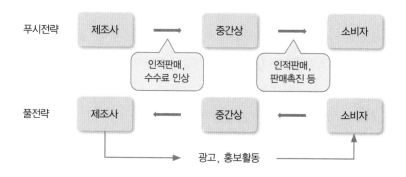

촉진 방법에는 push 전략과 pull 전략이 있다. 문짝에 쓰여 있는 풀과 푸쉬의 의미와 같다. 우리말로 푸시는 압박전략, 풀은 유인전략이라 한다. 풀전략은 고객이 찾아오게 하는 전략이다. 광고나 홍보에 집중하여 고객이 스스로 찾아오게 하는 전략이다. 반면 푸시전략은 판매촉진이나 인적·직접판매 방법을 강화하겠다는 전략이다. 마케팅에서는 풀·푸시 전략이 적절하게 믹스되어 활용되어야 한다. 단기적인 성과에는 푸시전략이 유리하지만 풀전략은 브랜드나 이미지 관리에 중요하기 때문에 경시되어서는 안 되므로 적절하게 촉진 예산이 배분되어야 한다.

이상과 같이 마케팅믹스 기법인 4P에 대해서 알아보았다. 지금까지도 4P는 유용하게 활용되고 있지만, 4P에서 더 확장된 마케팅믹스 7P를 알아보자.

🔍 7P 전략

7P는 기존의 4P에서 사람(People), 물리적 증거(Physical Evidence), 프로세스(Process)를 더한 것이다.

사람은 제품과 소비자의 인식에 영향을 주는 사람을 말한다. 예를 들

면, 어떤 제품을 추천해 준 사람이나 매장에서 제품을 건네는 사람처럼 해당 제품과 서비스를 판단하고 결정하는 데 영향을 주는 사람을 말한다. 그리고 물리적 증거는 소비자와 커뮤니케이션하는 물리적 요소를 말하는데 외부 간판에서부터 내부 인테리어, 분위기, 조명 등을 말한다. 프로세스는 소비자가 제품과 서비스를 접하는 과정에서 거치는 모든 절차를 말한다. 7P는 기존의 4P에 3P 관점에 제품과 서비스에 영향을 주는 사람과 물리적 환경, 절차를 더해 보다 정교한 마케팅 전략을 추진하고자 하는 과정에서 생겨난 개념이다.

ⓦ 고객 관점의 4C 전략

앞서 언급한 4P는 기업 관점의 마케팅 전략이다. 4P를 고객 관점에서 바라봐야 한다는 시각이 있다. 왜냐하면 고객이 제품을 구입하기 때문이다.

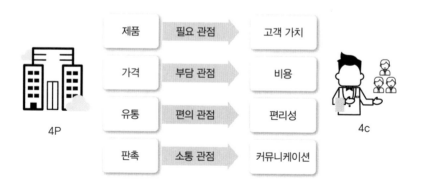

하룻밤 경영학

기업 관점에서 제품(Product)은 고객 입장에서 보면 고객가치(Customer Value)에 해당한다. 고객 입장에서 가치를 느끼는 제품을 만들어야 한다는 의미다. 기업 입장에서 가격(Price)은 고객 입장에서 보면 고객이 지불해야 할 비용(Cost)이다. 고객 관점의 가격 책정이 중요함을 말하고 있다. 그리고 기업 입장에서 유통망(Place)은 고객 입장에서 보면 고객이 제품을 쉽게 접하도록 만들어 주는 편리함(Convenience)에 해당한다. 온오프라인 경계 너머 고객이 쉽게 자사 제품을 만날 수 있어야 한다. 마지막으로 기업 입장의 판촉(Promotion)은 고객 입장에서 보면 고객과의 소통(Communication)으로 쌍방향 소통을 전제하고 있다. 이처럼 고객 관점에서 접근해야 실제 고객의 니즈에 부합하는 제품, 가격, 유통, 판촉전략이 나올 수 있다는 의미다.

PLC 제품생명주기

시장에서 나오는 신상품을 즉시 구입하는 사람이 있는가 하면, 남들이 어느 정도 사고 난 뒤 천천히 새로운 상품을 접하는 사람들도 있다. 이런 경향에 따라 사회학자 에버렛 로저스는 사람들이 혁신적인 기술을 받아들이는 정도를 5개 그룹으로 구분하였다. 수집가처럼 새로운 제품만 나오면 구매하는 혁신수용자(Innovators), 얼리어댑터라고 하는 선각수용자(Early Adapters), 이어서 전기 다수수용자(Early Majority), 후기 다수수용자(Late Majority), 지각 수용자(Laggards)이다.

탄생한 모든 제품은 언젠가 사라진다. 태어나서 바로 사라지는 제품도 있지만 대체로는 사람의 생명주기와 같이 도입기, 성장기, 성숙기, 쇠퇴기를 거쳐 사라진다. 이것을 앞서 언급한 바와 같이 제품의 수명주기(PLC, Product Life Cycle)라 한다. 이런 과정을 거치는 이유는 기술의 발달, 고객 니즈의 변화, 경쟁사와의 경쟁 상태 등에 따라 시장 환경이 바뀌기 때문이다. 따라서 각 단계별로 마케팅 전략도 달라져야 한다.

도입기(그림에서 발아기와 유아기)는매출도 낮지만 이익 창출은 어려운 시기다. 이제 막 시장에 도입되었기에 혁신수용층이나 선각수용층(얼리어댑터)이 대상 고객이다. 새 제품이 나오기를 기다리면서 밤샘하는 사람들이다. 이때는 제품을 알려야 하므로 촉진비가 많이 든다. 가격은 고가전략을 활용하여 조기에 상층을 흡수하려는 전략을 편다.

제품주기와 기술수용도

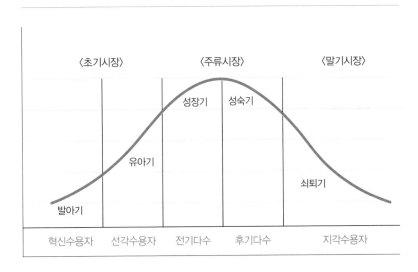

성장기는 매출도 이익도 급격히 상승하는 시기다. 선각수용층과 전기 다수수용층들이 대상이다. 이때는 경쟁사도 진입하기 시작하므로 시장침투가격을 활용해 시장점유율을 높이는 노력이 중요하다. 광고에서는 경쟁사 대비 브랜드 차이점을 강조한다. 일반적으로 촉진비용은 도입기에 비해 줄어든다.

성숙기는 시장 성장이 정체되기 시작하므로 기존 확보한 시장점유를 지키기 위해 틈새시장을 찾거나 제품 모델을 늘린다. 이때 매출이 극대화되지만, 가격경쟁이 격화되므로 이익은 점차 줄기 시작한다. 대상 고객은 후기 다수수용층이다. 이때 가격은 경쟁사 수준에 맞추는 경쟁가격으로 설정한다.

　쇠퇴기에는 판매량이 급격히 줄면서 매출도 이익도 줄어드는 시기다. 대상 고객은 지각수용층들이다. 이때는 제품 중 취약 제품을 폐기하고 비효율 유통망도 정리하고 촉진비용도 최저 수준으로 줄여 간다.

제품수명주기에 따른 매출과 이익

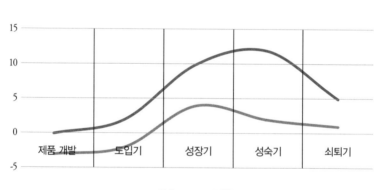

브랜드 전략

생각나는 유명한 브랜드를 머리에 떠올려 보자! 래미안, 애플, 루이비통, LG그램, 파리바게트, CGV, 박카스…. 이런 브랜드들이 떠오른다. 여기에는 회사 이름도 있고, 상표명도 있다. 그뿐만 아니라 그 제품을 생각할 때 떠오르는 색깔, 기호, 심볼, 음악 소리 등도 브랜드에 포함된다. 그래서 마케팅의 아버지라 했던 코틀러는 브랜드를 "특정 판매자그룹의 제품이나 서비스를 나타내면서 경쟁자그룹의 제품과 서비스와 차별화하기 위해 만든 용어, 명칭, 표식, 심볼, 디자인이나 그 전체를 배합한 것"이라고 하였다.

브랜드는 제품을 구별해 주고 그 제품을 떠올리게 하는 연상 기능도 있지만, 우리나라 최고의 브랜드라는 삼성 브랜드를 생각해 보면 브랜드만으로도 품질을 보증해 주는 기능, 판매를 촉진하고 고객을 유지해 주는 기능도 있다는 것을 알 수 있다. 이렇게 브랜드는 제품의 전체적인 이미지를 좌우할 뿐 아니라 회사 매출과도 직결되어 있다. 그래서 규모가 있는 회사에서는 브랜드관리책임자(CBO Chief Brand Officer)

를 두고 브랜드를 총괄하기도 한다.

그리고 브랜드는 네트워크 효과도 일으킨다. 많은 사람들이 같은 브랜드를 갖게 되면 타인도 그 브랜드를 구매하는 동기가 되는 것은 '밴드왜건 효과'라 한다. 밴드왜건(Bandwagon)은 행렬의 선두에 있는 악대차를 말한다. 1948년 미국 대선에서 한 후보가 선거운동을 할 때 밴드왜건을 활용하여 이목을 끌면서 유래되었다는데, 일단 사람들이 악대를 따라 몰려다니면 나중에는 무슨 대열인지도 모르고 따라가는 것을 두고 생긴 말이다. 마케팅에서 '편승효과'라고도 한다. 우리나라 학생들이 한때 특정 아웃도어 브랜드를 입지 않으면 왕따가 되는 분위기였던 때가 있었는데, 이런 현상은 일종의 브랜드의 네트워크 효과인 밴드왜건 효과로 생긴 현상이라 볼 수 있다.

밴드왜건의 반대 개념으로 스놉 효과가 있다. 속물 효과라고도 하는데, 남들이 모두 동일한 선택을 하면 어느 순간부터는 수요가 줄어드는 효과다. 남들과 달리 백로처럼 행동한다고 해서 '백로 효과'라고도 한다. 한때 성공한 사업가의 상징이었던 자동차가 대중화되면 부유층은 고급 외제차와 같은 좀 더 차별화된 차를 구입하게 되는 현상을 스놉

하룻밤 경영학

효과로 볼 수 있다.

'베블런 효과'는 해당 브랜드를 자랑하고 싶은 것이 동기가 되는데, 일반적으로 상품 가격이 오르면 수요가 감소하는 것이 정상이지만 어느 정도 이상의

밴드왜건 효과의 예

가격이 되면 수요가 오히려 증가하는 현상이다. 미국 사회학자인 베블런(Thorstein Veblen)의 이름을 딴 것이데, 배부른 사람들이 가질 만한 효과로 기억하면 쉽다. 앞의 스놉 효과와 비슷한 면이 있다.

진부화 전략

여러분의 가정에 철 지난 휴대폰 서너 개씩은 있을 것이다. 또 고가의 의류지만 유행이 지나 버리기는 아까워 옷장을 차지하고 있는 옷도 몇 벌씩은 있을 것이다. 과거에는 무조건 아끼고 절약하는 것이 미덕인 시대가 있었다. 지금은 소비가 미덕인 시대라 한다. 그래야만 공장이 돌아가고 일자리가 만들어져 수입이 생긴 사람들이 다시 소비하는 선순환이 일어나기 때문이다. 그런데 이런 일이 기업 전략에 의해서도 일어날 수 있을까?

진부하다는 것은 시대에 뒤떨어지다는 의미다. 기업은 새로운 소비를 일으키기 위해 지속적으로 신제품을 내놓고 이전 제품을 시대에 뒤 떨어진 제품이라는 이미지 전략을 구사한다. 심지어는 의도적으로 제품의 수명을 단축시키기

도 한다. 기업에서 의도적으로 제품의 사용 가치를 소멸시키거나 단명(短命)화[1]시키는 것을 '진부화 전략'이라 한다.

'기능적 진부화'는 기존 제품보다 새로운 기능을 가진 제품을 출시함으로써 자연스럽게 기존 제품을 진부화시키는 전략이다. 기술적 진부화라고도 한다. 자동차나 휴대폰 산업에서 지속적으로 새로운 모델을 출시하는 이유다.

'심리적 진부화'도 있다. 제품의 스타일이나 디자인 등 비기능적인 요인으로 소비자로 하여금 시대에 뒤떨어졌다는 느낌을 갖게 만들어 새로운 제품을 소비하게 하는 전략이다. 의류의 색상과 디자인, 바지폭 등을 다르게 하여 유행을 만드는 것도 기업의 진부화 전략과 이해를 같이하고 있다.

1940년 듀퐁사에서 처음 여성 스타킹을 내놓았을 때 너무 튼튼하여 자동차를 끌 수 있을 정도였다고 한다. 그렇다 보니 재구매가 일어나지 않자 기업에서 자외선을 보호하는 유연제의 첨가량을 높여 교체 주기를 높였다고 한다. 이는 '계획적(고의적) 진부화' 사례라 할 수 있다.

진부화 전략은 기업의 성장 논리에는 부합할지 모르지만, 한정된 지구상의 자원 고갈 문제와 과도한 쓰레기 배출 문제와 환경 문제로 인해 국제적인 이슈가 되기도 한다.

---

1 단명화 : 제품의 수명을 짧게 만드는 것을 말한다.

파레토 법칙과 롱테일 법칙

백화점 매출의 80%는 20%의 상위매출자가 차지한다고 한다. 여러분이 백화점 마케터라면 누구를 공략대상으로 삼아야 할까? 당연히 상위매출자를 대상으로 마케팅을 집중할 것이다. 이것을 'VIP 마케팅'이라 한다.

파레토 법칙

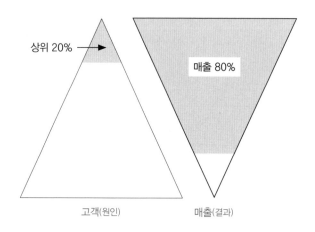

상위 20% →

매출 80%

고객(원인)   매출(결과)

이탈리아 경제학자 파레토는 19세기 소득 통계 조사를 하는 과정에서 당시 영국 인구의 20%가 전체 소득의 80%를 차지한다는 것을 보고 원인의 20%가 결과의 80%를 결정하게 된다는 법칙을 발표하는데, 그의 이름을 따 '파레토 법칙'이라 한다.

파레토 법칙은 다른 분야에도 많이 발견된다. 가령 운전위반자의 상위 20%가 전체 운전위반 건수의 80%를 차지한다든가, 내가 가진 옷장의 옷 중 20%가 외출 때 입는 옷의 80%를 차지하게 되는 것 등이다. 무엇보다 마케팅 관점에서 볼 때, 상위 고객의 20%가 전체 기업 매출의 80% 정도를 차지하므로 기업은 VIP 중심의 마케팅을 집중해야 할 이유가 된다.

반면, 인터넷의 발달과 함께 롱테일 법칙이란 개념이 나왔다. 여러분이 서점 주인이라면, 가판대에 어떤 책을 비치할까? 당연히 검증된 유명 작가의 서적이나 베스트셀러 위주로 배치할 것이다. 옷가게도 마찬가지다. 잘 팔리는 의류 위주로 고객의 눈에 가장 잘 띄는 곳에 진열할 것이다. 서점이나 의류점에서도 파레토 법칙이 적용되기 때문이다.

그런데 아마존의 온라인서점에 의해 새로운 법칙이 탄생했는데, '롱테일 법칙'이다. 공룡의 긴 꼬리를 생각해 보자. 오프라인 서점에 비치하기 힘든 희귀본이나 비인기도서는 공룡의 꼬리 부분에 위치하고 있는 책들이라고 볼 수 있다. 온라인에서는 무한대의 책을 비치할 수 있으므로 이런 류의 책들도 쉽게 접근할 수 있게 되면서 이전에는 생각지도 못한 비인기 도서에서 아마존서점 도서 매출의 50% 이상을 차지하게 된 것이다.

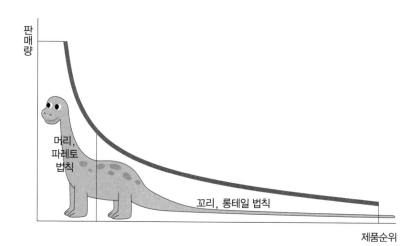

이 현상을 2004년 '와이어드' 편집장인 크리슨이 '롱테일 법칙'이라 명명하였다. 롱테일 법칙은 소득분포 하위 80%에 속하는 다수가 상위 20%에 속하는 소수보다 뛰어난 가치를 만들어 낸다는 이론으로 '역(逆) 파레토 법칙'이라고도 한다.

알아 두면 좋은 각종 마케팅 용어들

다음은 마케팅에 활용되는 각종 방법론을 지칭하는 용어들이다.

🔎 앰부시 마케팅

앰부시 마케팅은 매복마케팅이다. 군대에서 적이 출현할 만한 곳에서 적을 덮치기 위해 숨는 것을 매복이라 한다. 올림픽이나 월드컵과 같은 유명한 스포츠 행사 때는 지정된 스폰서 기업만이 광고를 할 수 있다. 해당 스포츠 행사 기간 동안 스포츠마케팅을 통해 기업을 홍보하기 위해서는 공식후원업체로 지정되어야 하는데, 그 대가로 막대한 금액을 기부해야 한다. 대신, 한 업체가 공식 후원업체로 선정되면 나머지 경쟁업체는 해당 스포츠 행사 기간 동안 관련 광고를 할 수 없게 된다.

2002년 월드컵 당시 공식 후원 통신사는 지금 KT와 합쳐진 KTF였다. 경쟁사인 SK텔레콤은 FIFA의 로고는 물론 월드컵이라는 글자도 사용할 수 없는 상황이었지만, 한석규를 모델

2002년 월드컵 당시 모델 한석규를 활용한
SK텔레콤 광고 장면

로 붉은 악마를 내세워 'Be the Red'라는 응원 문구와 함께 대회 기간 중 성공적인 광고로 휴대폰을 홍보함으로써 대회가 끝난 여론조사에서 공식후원사인 KTF를 능가하였다는 평가를 받았다. 공식 후원비 한 푼 없이 숨어서 마케팅을 한 '매복마케팅'의 전형적인 성공 사례로 남았다.

버즈 마케팅 / 바이럴 마케팅

버즈는 꿀벌이 윙윙거린다는 단어 buzz에서 나왔고, 바이럴은 virus와 oral이 결합된 용어로 모두 입소문 마케팅이지만 조금 다르다. 둘 다 소비자가 온라인상에서 제품에 대한 긍정적인 입소문을 내게 하는 마케팅 방법이지만, 버즈 마케팅은 업체로부터 정보를 받아 입소문을 내는 마케팅인 반면, 바이럴마케팅은 자신의 경험을 바탕으로 자발적으로 입소문을 내는 마케팅이므로 고객에게 주는 신뢰가 더 크다고 할 수 있다. 둘 모두 입소문이 이루어지기 위해서는 기업에서 잘 퍼져 나갈

수 있는 마케팅 메시지를 제공하는 것이 중요하다.

🔍 코즈(Cause) 마케팅

Cause는 원인이라는 뜻도 있지만 '주장'이라는 뜻도 있다. 큰 뜻, 대의 마케팅이라고 하는데, 기업이 세상에 호소하고자 하는 주장을 활용하는 마케팅이다. 기업이 사회적인 이슈와 연계하여 하는 마케팅을 코즈 마케팅이라 한다.

코즈 마케팅의 사례로는 아메리칸 익스프레스 카드사가 로스엔젤레스의 자유의 여신상 보수를 위해 카드 발행 시 1달러를 기부하고 카드 사용 시에 1센트를 기부하여 170만 달러를 기부한 사례를 들 수 있다. 이 캠페인 기간 동안 아멕스 카드 사용은 28%가 늘고, 신규 카드 발급은 10%가 증가하였다고 한다.

탐스의 'One for One' 마케팅도 유명하다. 신발업체 탐스는 한 켤레의 신발을 사게 되면 한 켤레는 신발이 없어 위험에 노출되어 있는 아프리카에 제공하는 마케팅을 펼쳐 성공한 기업  이 되었다. 코즈 마케팅은 기업의 사회적 책임이 강조되면서 더욱 부각되는 마케팅이다.

🔍 노이즈마케팅

노이즈(noise)는 소음이다. 소음은 부정적으로 들린다. 실제, 부정적인 이슈라 하더라도 사람들의 호기심을 자극하여 이목을 끌 수 있다면 좋은 마케팅 도구가 될 수 있다. 노이즈마케팅은 자사의 제품이나 서비스와 관련되는 이슈를 통해 화제를 만들어 의도적으로 노이즈를 만들어 사람들의 이목을 집중케 하는 마케팅 방법이다.

베네통 노이즈광고 사례

베네통은 사회적 금기 사항이나 이슈를 광고 소재를 활용하여 성공적인 노이즈 마케팅을 한 기업으로 유명한데 예를 들면, 신부와 수녀의 키스, 김정일과 이명박의 키스, 죽어 가는 에이즈 환자와 가족과 같은 장면을 활용해 기업 홍보를 한다. 노이즈 마케팅은 내용이 부정적이라 할지라도 사람들의 입에 자주 오르내릴 수 있는 주제라면 효과를 낼 수 있다. 대신 관심을 끌어 제품의 판매에 긍정적으로 작용하게 할 수 있어야 한다.

🔍 뉴로 마케팅

뉴로(Neuro)는 신경이라는 단어다. 뇌과학이 발달되면서 뇌의 반응을 보면서 제품을 홍보하는 전략이다. 인간의 심리와 잠재의식을 과학적인 방법으로 알아내어 마케팅에 활용한다. 대표적인 예로 기아자동차의 K7은 뇌과학자의 도움을 받아 소비자에게 여러 개의 자동차 이름을 들려주고 뇌 반응을 조사하여 가장 좋은 반응을 얻어 찾은 이름으로 시장에서 큰 성공을 거둔 마케팅 사례다.

콜라시장에서 양대 산맥인 코카콜라와 펩시 간의 마케팅 싸움은 유명하다. 펩시가 많이 따라갔지만 여전히 코카콜라가 우세하다. 펩시는

블라인드 시음을 통해 자사의 콜라가 코카콜라보다 맛이 좋다는 것을 증명하였지만 여전히 코카콜라가 더 많이 팔린다. 이 이유를 뇌 반응을

통해 확인했다. 맛만으로는 둘 다 전두엽이 활성화되었지만, 코카콜라라는 브랜드를 듣자 정서 및 기억을 담당하는 뇌 영역이 동시에 활성화되었다고 한다. 소비자가 어떤 제품에 대한 호의적 태도는 맛으로만 결정되지 않음을 뇌 과학이 알게 해 줌과 동시에 브랜드 이미지 관리의 중요성을 일깨워 주는 사례가 되고 있다.

🔍 ⓦ 디마케팅

Demarketing은 감소(decrease)와 마케팅(marketing)의 합성어로 고의적으로 고객의 수요를 줄이는 마케팅을 말한다. 기업이 디마케팅 전략을 쓰는 것은 궁극적으로 수익을 높이기 위해서다. 2002년 맥도날드가 프랑스에서 "어린이들은 일주일에 한 번만 맥도날드 오세요."라는 캠페인을 진행한 적이 있다. 상식적으로는 더 많이 팔아야 하는데 일주일 한 번만 오라고 했지만 결과적으로 건강을 생각하는 기업 이미지 덕분에 더 많은 매출을 기록하게 된다. 이런 경우는 겉으로만 디마케팅 한다고 해서 '표면적 디마케팅'이라 한다.

'선택적 디마케팅'은 기업이 회사 이익에 도움이 되지 않는 고객을 선택적으로 디마케팅하는 것을 말한다. 이동통신회사 SKT 시장점유율이 지금은 40% 수준까지 떨어졌지만 50%가 넘은 적이 있다. 50%가 넘으면 정부 규제가 이루어지기 때문에 한때 SKT에서는 50%가 넘는 고객을 줄여야 했다. 이때 기업은 이용 금액이 낮은 고객을 상대로 혜택을 줄이거나 불편하게 함으로써 눈치 못 채게 디마케팅을 한다.

이렇게, 디마케팅을 하는 데에는 회사에 큰 도움은 되지 않으면서 회사에서 제공하는 각종 이벤트나 혜택만을 챙기는 체리피커를 제거하기 위한 목적도 있다. 체리피커는 케이크에서 하나뿐인 체리를 쏙 빼먹는 얄미운 사람처럼 회사에서 여러 기능이나 혜택만을 누리면서 매출에는 별로 기여하지 않는 영악한 소비자를 일컫는다.

🔍 DB마케팅과 CRM

DB마케팅은 데이터베이스를 활용한 마케팅이다. 개인정보가 강화되면서 주춤하기는 했지만 데이터베이스를 활용한 마케팅은 가장 간편하고 쉽게 고객에게 접근할 수 있는 마케팅 방법이다. DB마케팅 기법은 보험회사나 카드회사처럼 고객 정보를 확보하기 쉬운 업계에서 먼저 도입했으나 지금은 업계 전반으로 확산되었다. 개인정보의 강화와 더불어 고객에게 판매 의사를 묻고 허락을 받는 '퍼미션 마케팅'의 대명사가 바로 DB마케팅이다.

'CRM'은 Customer Relationship Management 고객관계관리라 하는데, 고객과 관련되는 자료를 분석하여 고객중심 사고로 판매 및 서비스를 제공하는 전략이다. 신규 고객을 유치하는 데 그치는 것이 아니고, 획득한 고객을 어떻게 유지하고 활성화할 것인지 고민하여 고객의 평생가치[1]를 극대화하기 위한 전략이다.

🔍 업셀링과 크로스셀링

시장에서 고객을 신규로 확보하기는 여간 힘든 게 아니다. 신규 고객을 유치하는 것은 기존 고객에게 재구매를 유도하는 것보다 5배나 더

---

1 평생가치(LTV Life Time Value) : 개별 고객이 한 회사의 고객으로서 거래하는 기간 동안의 총거래액을 말한다. 고객충성도를 높여 단골고객으로 만드는 것이 중요하다.

많은 비용이 든다고 한다. 업셀링과 크로스셀링은 기존 고객을 대상으로 하는 마케팅 방법이다.

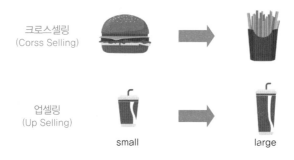

크로스셀링
(Corss Selling)

업셀링
(Up Selling)

small　　　　　large

　업셀링은 같은 고객에게 보다 높은 가치의 제품을 판매하는 전략이다. 케이블방송사에서 베이직 상품 사용자 대상으로 프리미엄 상품을 권유하는 것과 같은 마케팅이다. 또한, 영화관에서 콜라 주문할 때 500원만 더 내면 양이 두 배인 라지 사이즈로 마실 수 있다고 권유하는 것도 업셀링 마케팅이다.

　크로스셀링은 같은 고객에 대해 자사의 다른 종류의 제품을 사용하도록 유도하는 전략이다. 국내 통신회사는 인터넷, 이동전화, TV 세 가지 제품을 모두 취급한다. 자사의 인터넷만 사용하고 있는 고객 대상으로 이동전화나 TV 상품을 추가로 판매하는 것과 같은 판매 전략이다. 온라인 서점에서 책을 구매하면 하단에 그 책을 구매한 사람들이 구입한 책이 리스트 된다. 이것 역시 크로스셀링 기법을 마케팅에 활용한 것이다.

마케팅의 아버지라 했던 필립 코틀러(Philip Kotler, 1931~)는 광고마케팅 분야를 공부하려면 꼭 알아야 전설 같은 사람이다. 60권이 넘는 저서와 150편 이상의 논문으로 단순 판매기법에 불과했던 마케팅을 학문의 경지로 올린 사람이다. 필립 코틀러는 마케팅 1.0에서 마케팅 4.0까지 출간하여 마케팅의 흐름에 대한 이해과 통찰력을 제공하고 있다. 이를 간단히 살펴보자.

증기기관의 1차 산업 혁명을 기반으로 하는 마케팅 1.0은 제품 중심의 마케팅이다. 이때는 만들면 팔리는 시대였다. 상대적으로 품질이 나은 제품이 고객의 선택을 받았다. 2차 산업 혁명과 함께 맞은 대량생산시대에는 고객의 선택권이 다양해졌다. 마케팅 2.0에서는 고객 중심의 마케팅이 강조되면서 고객 만족이 마케팅의 화두가 되었다.

필립 코틀러

인터넷 기반의 정보혁명시대와 함께 SNS의 연결로 소비자의 권력이 더욱 커진 마케팅 3.0에서는 사회 속에서의 기업의 역할이 강조되고 도덕적으로 우수한 기업이 소비자의 선택을 받게 되었다. 마케팅의 목표는 착한 기업이 되어 더 나은 세상을 만드는 것이 되었다. 4차 산업혁명과 함께 맞은 마케팅 4.0시대는 최첨단 기술의 하이테크는 역설적으로 인간의 감성인 하이터치를 요구하게 되면서 친구 같은 브랜드를 원하게 되었다. 모바일 마케팅시대에 기술(하이테크)과 인간(하이터치)의 결합이 마케팅의 초점이 되고 있다.

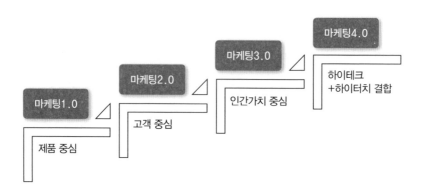

8부

결국은 돈, 재무관리

기업을 하는 이유가 뭔가? 궁극적으로 고객과 직원 만족을 위해서 기업을 한다고 하지만, 그 결과는 돈으로 귀결된다. 돈을 벌기 위해 기업을 한다. 돈이 마르는 기업은 죽는다. 그래서 기업의 입장에서는 돈관리가 제일 중요하다. 이렇게 돈을 관리하는 일을 재무관리라 한다.

우선 회계와 재무의 차이점을 알아보자. 합쳐서 재무회계라고도 하지만, 기업에서 회계팀과 재무팀은 확연히 다른 일을 한다. 다 같이 기업의 돈과 관련되는 일을 하는 것 같은데 어떻게 차이가 날까?

회계는 장부상의 이익을 관리하고 재무는 현금을 관리한다. 이익과 현금? 이익은 판매한 금액인 매출과 그 제품을 만드는 데 소요된 원가를 뺀 값을 말한다. 이익은 장부상의 돈이고 현금은 실제 만질 수 있는 돈이다. 장부상의 돈이라는 개념이 잘 안 들어올 것이다.

맛나치킨㈜에서 3,000원에 치킨 1만 마리를 한국 기업에 제공하고 한 달 뒤에 현금을 받기로 했다고 하자. 마리당 원가가 2,000원이면 천만 원의 이익이 발생한다. 장부에 천만 원의 이익이 발생했다고 기록하지만 현금은 한 달 뒤에 들어오게 된다. 3,000만 원의 현금이 한 달 뒤에 들어오지만, 재료를 납품한 곳에 이번 달에 2,000만 원을 지급해야 한다면 현금이 부족하게 된다. 기업은 우선 은행 같은 곳에서 돈을 빌려 재료비를 갚아야 한다. 그렇지 않으면 부도가 나기 때문이다.

이렇게 장부상의 이익만 믿고 당장 쓰일 현금을 준비하지 않았다가는 회사가 망할 수 있다. 장부를 통해 회사 돈을 관리하는 것을 회계라하고, 실제 현금의 입출입(흐름)을 관리하는 것을 재무라 한다.

회사 돈과 재산에 대한 내용을 객관적으로 나타낸 표를 '재무제표'라 한다. 재무제표(財務諸表)에서 재무는 돈과 관련되는 업무를 말하고 제(諸)는 모두라는 뜻으로, 돈과 관련되는 업무의 모든 표를 재무제표라 한다. 재무제표를 작성하는 이유는 기업의 상태를 내외부에서 판단할 수 있는 기준을 제공하기 위해서다. 어떤 기업에 투자를 하려면 그기업의 재산 상태는 어떻고 얼마나 벌고 있는지를 알아야 하지 않겠는가? 또 여러분들이 주주라면 내가 투자한 회사가 어떻게 돌아가고 있는지 궁금하지 않겠는가? 이런 궁금증을 해소할 수 있도록 정해 놓은 기준에 따라 알려 주는 표가 재무제표다. 대표적인 재무제표에는 재무상태표와 손익계산서, 현금흐름표 등이 있다.

재무상태표

우선 '재무상태표'에 대해서 알아보자. 재무상태표는 개인으로 보면 재산 상태표다. "너, 재산 상태가 어떠니?"라는 질문을 받으면 머릿속에 자동차, 부동산, 예금, 부채 등이 떠오를 것이다. 기업도 마찬가지다. 기업은 자기 돈(자본금)과 남에게 빌린 돈(부채)을 가지고 사업을 한다. 그 돈으로 땅도 사고, 재료도 사고, 사람도 고용하고 책상과 의자같은 비품도 구매한다. 재무상태표는 일정 시점에 기업이 자기 돈과 빌린 돈으로 지금 뭘 하고 있는지를 보여 주는 표다.

그림의 오른편에는 돈이 어디서 나왔는지를 표시한다. 왼편에는 그돈을 어떻게 운용하고 있는지를 나타낸다. 좌우의 금액이 같아질 수밖에 없다. 왼쪽은 차변, 오른쪽은 대변이라고 한다. 그래서 과거에는 재무상태표를 대차대조표(대변과 차변을 대조한 표란 의미, 지금은 재무상태표로 통일됨.)라고도 했다. 영어로 Balanced Sheet라고 하는데 이것은 좌우의 돈이 균형을 이루고 있다는 의미에서 붙여진 이름이다.

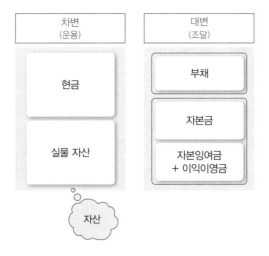

차변 (운용)	대변 (조달)
현금	부채
실물 자산	자본금
	자본잉여금 + 이익이영금

자산

　그림의 우측에는 어디서 자금을 조달했는지를 적는데, 위쪽에는 남으로부터 빌린 돈(이를 부채라 한다)을 적고, 아래쪽에는 자신이 투자한 밑천(이를 자본금이라 한다)을 적는다. 기업이 처음 투입한 돈으로 사업을 하다 보면 이익이 발생하여 추가한 금액(이익잉여금)도 발생하고, 영업거래가 아니라 자본거래에서도 추가 잉여금(자본잉여금)이 발생한다. 복잡하니, 사업을 하다가 자기 밑천이 늘어나 자기 자본금이 더 커진 부분이라고 생각하면 되겠다.

　왼편에는 투입한 자금을 어떻게 운영하고 있는지를 적는다. 그것을 자산이라고 한다. 개인의 재산과는 다르다. 개인은 재산이라 하면 빌린 돈 빼고 현금, 부동산, 동산을 합친 것이지만, 기업은 자산이 5천억이라고 하면 자기 돈과 남의 돈을 합쳐서 말한다. 왼쪽과 오른쪽을 적을 때는 하나의 규칙이 있다. 위쪽에는 이동하기(현금으로 만들기) 쉬운 자산을 적고(유동자산), 아래쪽에는 이동하기(현금으로 만들기) 어려운 자산(비유동자산)을 적는다.

맛나치킨㈜ 재무상태표

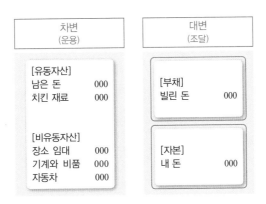

차변 (운용)	대변 (조달)
[유동자산] 남은 돈 000 치킨 재료 000	[부채] 빌린 돈 000
[비유동자산] 장소 임대 000 기계와 비품 000 자동차 000	[자본] 내 돈 000

예금이나 주식과 같이 쉽게 현금화할 수 있는 자산을 유동자산이라 한다. 반면 건물, 기계와 같이 쉽게 현금화할 수 없는 자산을 비유동자산이라 한다. 유동의 사전적 의미는 움직이기 쉽다는 말이나 회계에서는 단기에 현금화가 가능하다는 뜻이다. 예금, 외상매출금은 현금화가 쉬우니 유동자산이다. 반면에 현금으로 구입한 토지나 비품 등의 유형자산은 현금으로 바꾸기 쉬운 자산이 아니다. 그래서 비유동자산이라 한다. 유동자산은 위쪽으로, 비유동자산은 아래쪽으로 적는다.

맛나치킨㈜에서 빌린 돈과 자기 돈으로 장소를 임대하고 치킨제조기계와 비품을 구입하고 자동차를 사고, 치킨 재료를 구입한 뒤 남는 돈은 은행에 두었다고 가정하고 재무상태표를 작성하면 위와 같이 된다.

재무상태표
(2012년 12월 31일)

삼성테크윈㈜ (단위:억 원)

자산		부채	
유동자산	13,052	**유동부채**	9,976
현금 및 현금성자산	2,184	단기차입금	3,399
매출채권	4,604	매입채무	2,881
재고자산	3,900	기타	3,696
기타	2,364	**비유동부채**	6,436
		장기차입금	4,324
비유동자산	18,002	확정급여부채	1,915
유형자산	6,256	기타	197
투자자산	4,830	**부채총계**	16,412
		자본	
기타	6,646	자본금	2,657
		기타	2,643
		이익잉여금	9,302
		자본총계	14,642
자산총계	31,054	**부채와 자본총계**	31,054

다음 표는 2012년 12월 31일 기준 삼성테크윈㈜의 재무상태표를 나타내고 있다. 오른쪽에 보면 빌린 돈(부채)과 내 돈(자본)으로 나뉘어있고 부채의 기록 순서도 1년 내에 갚아야 하는 유동부채가 위쪽에, 비유

동부채가 아래쪽에 나와 있다. 왼쪽에는 자산을 나타내는데 위쪽에는 유동자산이 아래쪽에는 비유동자산이 기록되어 있다. 좌우가 31,054억 원으로 같은 숫자임을 알 수 있다. 전체 자산은 31,054억 원인데 그중에 빌린 돈이 16,412억 원으로 전체 자산의 53% 정도 차지하고 있음을 알 수 있다.

'부채비율'은 회사 부채총액을 자본총액으로 나눈 비율이다. 자기돈 대비 빌린 돈이 얼마나 되느냐를 보는 것이다. 일반적으로 100% 이하를 표준비율로 본다. 부채비율이 높으면 기업 안정성이 낮아진다. 몇 개 기업의 과거 재무상태표(대차대조표)를 통해 부채비율을 살펴보자.

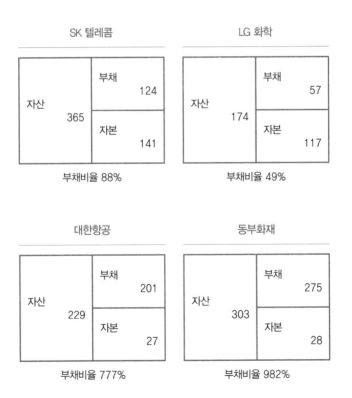

SK텔레콤(57/117)과 LG화학의 부채비율(124/141)은 100% 안쪽으로 나타나 안정적인 재무 현황을 보이고 있지만, 대한항공과 동부화재의 부채비율은 800%~900%에 이른다. 대한항공과 같은 항공사들은 항공기 가격[1]이 높기 때문에 빌린 돈으로 항공기를 구입하여 운영하므로 부채비율이 높은 것으로 나타나고, 동부화재와 같은 금융권 회사들은 고객 자산을 가지고 운용을 하므로 부채가 높게 나타나는 것이다. 부채가 높다는 것은 기업의 안정성을 떨어뜨리기는 하지만, 기업 성장의 레버리지(지렛대) 역할을 하므로 감당할 정도의 부채를 갖는 것은 기업 성장에 도움이 된다.

가령, 1,000억 원을 투자하면 200억 원이 남는 사업이 있다고 하자. 추가로 1,000억 원을 빌려 2,000억 원으로 사업을 하면 400억이 남게 된다. 빌린 돈 1,000억에 대한 이자율이 연 3%라고 하면 60억 원을 제하고도 340억이 되어 1,000억 원으로 사업할 때보다 140억 원을 더 벌게 된다. 그래서 기업에서는 부채가 성장의 지렛대 역할을 하는 것이다. 이것을 부채의 레버리지(지렛대) 효과라고 한다.

---

[1] 항공기 가격은 보통 1,000억에서 비싼 것은 5,000억에 이르기 때문에 국내 항공사 항공기의 80% 정도는 임차하여 운영하고 있다.

손익계산서(損益計算書)

재무상태표는 기업의 특정 시점 재산 상태를 나타내고 있을 뿐이다. 앞에서 개인의 재산 상태를 말할 때도 마찬가지다. 재산 상태만으로 개인이 얼마를 벌어 얼마를 쓰고 얼마를 저축하고 있는지 알 수 없다. 기업도 마찬가지다. 기업이 영업으로 얼마를 벌고 있는지를 나타낸 표가 손익계산서다. 영어로는 P/L(Profit and Loss Statement) 또는 IS(Income Statement)라고 하며, 기업의 일정 기간(보통 1년) 동안의 이익과 손해를 나타낸 표를 의미한다. 얼마나 남는 장사를 하고 있는지를 나타낸 표라고 하겠다.

얼마를 남겼는지를 알려면 판매한 가격(매출)과 그 제품을 만들어 판다고 들어간 돈(원가)을 빼면 된다. 이렇게 해서 나온 이익을 영업이익이라 한다. 하지만, 그해 사업에서 세금까지 제하고 순수하게 남은 돈을 계산하기 위해서는 몇 가지 절차가 더 필요하다. 단계별로 알아보자.

먼저 매출액에서 그 제품이나 서비스를 만들기 위해 들어간 돈(매출원가)을 제한 뒤 남는 이익을 '매출총이익'이라 한다. 매출 원가는 원재료비, 제조할 때 들어간 직접인건비[1]와 같이 기업이 제품 생산에 들어간 원가를 말한다.

매출총이익 = 매출액 − 매출원가

이렇게 해서 나온 매출총이익에서 '판매비용과 일반관리비'를 제외하면 '영업이익'이 된다. 줄여서 판매관리비, 판관비라고도 한다. 제품에 들어간 비용은 만들 때만 들어가는 것은 아니다. 만들어진 물건을 판매하려면 전단지도 돌리고, 광고도 하고 배달도 해야 한다. 이런 비용을 '판매비'라고 한다.

또한, 제품을 만들기 위해 사람을 선발하고 재료를 구입하고 인터넷도 사용하고 사무실 난방비와 관리비에 드는 비용도 있을 것이다. 이 것을 '일반관리비'라 한다. 이처럼 실제 제품을 판매할 때 들어가는 판매비와 일반관리비를 합쳐서 판매관리비라고 하고 판매관리비를 제외하고 난 뒤 남는 이익을 '영업이익'이라 한다. 영업해서 번 돈이라는 의미다.

영업이익 = 매출총이익 − 판매관리비

---

1 제품이나 서비스를 만들때 투입되는 인건비, 다음에 나오는 판매관리비에서 투입되는 인건비는 간접 인건비라고 한다.

기업 활동을 하면 영업으로만 돈을 버는 것은 아니다. 회사 돈으로 주식에 투자해서 손해나 이익을 볼 수도 있고, 남는 돈을 은행에 맡겨 얻는 이자수익도 있다. 이렇게 발생되는 손익을 '영업외 이익'과 '영업외 손실'이라고 한다. 영업외 이익과 영업외 손실을 계산하고 남은 이익을 '법인세비용 차감 전 순이익'이라고 한다.

영업외 이익에는 은행에 돈을 맡겨 얻는 이자, 배당금 등의 금융이익과 다른 회사의 지분 또는 증권에 투자해서 얻은 투자 이익, 그리고 부동산, 건물 등의 투자로 얻는 기타 이익으로 분류할 수 있다.

영업외 손실에는 차입금 상환 등의 금융비용, 투자 주식에서 발생하는 투자손실, 그리고 기타손실 등으로 분류한다.

법인세비용 차감 전 순이익 = 영업이익 + 영업외수익 − 영업외손실

마지막으로 법인세비용 차감 전 순이익에서 법인세비용을 제하고 남는 이익이 '당기순이익'이다. 당기(當期)란 말은 재무제표가 보고되는 당해 연도 회계기간 1년 기간을 의미한다. 기업은 법인세, 주민세 같은 세금을 부과해야 하는데 이렇게 세금을 부과하고 남는 이익이 사업 연도 손익을 나타내는 최종 손익이 된다.

당기순이익 = 법인세비용차감전순이익 − 법인세 등

손익계산서 작성 절차

| 총매출 · 매출 원가를 제외 | 매출 총이익 · 판매 관리비를 제외 | 영업이익 · 영업 외 손익을 반영 | 법인세 비용 차감 전 순이익 · 법인세 등 차감 | 당기순이익 |

삼성전자 손익계산서

과목	2006년	2007년	2008년
	연간	연간	연간
매출액	589,725	631,790	729,530
내수	107,488	121,341	135,567
수출	482,237	510,419	593,963
매출원가	423,594	468,465	553,806
매출 총이익	167,031	163,295	175,724
판매비와 관리비	96,791	103,866	134,383
영업이익	69,340	59,429	41,341
영업 외 수익	34,094	41,621	76,100
영업 외 비용	11,272	14,749	58,358
세전이익	92,166	86,299	59,082
법인세비용	12,899	12,049	3,823
당기순이익	79,267	74,250	55,259

위의 표는 삼성전자의 2006년에서 2008년까지의 손익계산서를 나타

내고 있다. 매출액은 지속적으로 증가하지만 당기순이익은 줄고 있는데, 주요 이유는 판매관리비가 증가한 것과 영업외 비용이 상대적으로 증가한 것 때문임을 알 수 있다. 판매관리비는 휴대폰 판매 경쟁으로 고객 보조금이 증가했거나 판촉비용이 증가했을 것으로 짐작할 수 있지만 2008년 영업외 비용이 갑자기 증가한 것은 이 표만으로는 알 수 없다. 이를 위해 해당 항목에 '주석'을 달아 보는 사람의 이해를 도와주기도 한다.

다음 표는 세계적인 스마트폰 기업인 삼성과 애플의 영업이익 수준을 비교한 기사 내용이다. 2017년 말 당시 스마트폰 시장점유율(애플 19.3%, 삼성 18.6%)은 양사 비슷한 것으로 나타나고 있으나 표에서 보듯 삼성의 매출(판매가)은 애플의 2분의

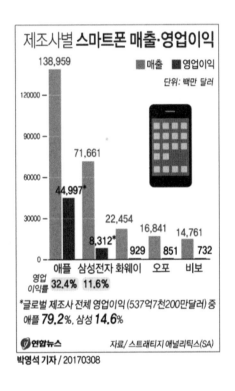

1 수준이고 영업이익은 금액으로 보면 애플의 5분의 1 수준이고, 비율로 봐도 3분의 1 수준임을 알 수 있다. 삼성은 100원을 팔면 11.6원이 남는데, 애플은 100원을 팔면 32.4원을 남겼다는 의미다.

현금흐름표

기업에서 가장 중요한 것이 현금이라고 볼 수 있다. 기업에서 현금은 사람의 피와 같다. 사람의 피도 흘러야 살 수 있는 것처럼 기업에는 현금이 흘러야 한다. 현금은 흐르지 않고 있다고 해서 기업이 죽지야 않겠지만 기업이 돈을 가지고 아무것도 안 하고 있다는 뜻이니 죽은 것이나 다름없다.

현금흐름표의 구조

영업 활동 현금흐름	000
+ 투자 활동 현금흐름	000
+ 재무 활동 현금흐름	000
= 현금의 증감 　(= 총 현금유입 − 총 현금유출)	000
+ 기초의 현금	000
= 기말의 현금	000

하룻밤 경영학

현금흐름을 영어로는 Cash Flow라 한다. 재무상태표나 손익계산서만으로는 기업의 현금흐름을 제대로 파악하기 힘들기 때문에 별도로 현금흐름표를 작성한다. 기업에 현금이 생기는 경우는 세 경우다. 첫째는 제품을 팔아서, 즉 영업을 통해서이고, 둘째는 부동산이나 주식 투자와 같은 투자 활동을 통해서, 셋째는 금융기관으로부터의 돈을 빌리거나, 추가 주식 발행과 같은 자본 활동을 통해서 현금이 발생한다.

현금흐름표는 이 세 경우를 자세히 나타낸 표로 만들어진다. 표에서 보면 영업 활동 + 투자 활동 + 재무 활동을 합쳐서 나오는 현금이 현금의 증감으로 나타나고 거기에 기초의 현금(시작할 때 통장에 있는 현금)을 더해 기말의 현금이 작성된다.

⊛ 흑자도산

도산이라는 말은 거꾸러진다, 망한다는 말이다. 기업이 적자[1]가 누적되어 망하는 것은 당연한데, 흑자를 내면서도 망하는 경우가 있다. 기업이 아무리 적자가 나더라도 현금만 있으면 망하지 않는다. 반대로 아무리 이익을 내더라도 현금이 없으면 망한다. 이것을 '흑자 도산'이라 한다. 그래서 현금흐름 관리를 위한 재무 활동이 중요하다.

기업이 당분간 적자가 나더라도 은행으로부터 돈을 꿔 메꿀 수만 있

---

[1] 과거 장부에 수입보다 지출이 많을 때 붉은색으로 나타냈으므로 붉은 글자, 적자로 표현하였다.

다면 부도나지 않는다. 기업은 빌린 돈과 내 돈으로 운영하기 때문이다. 그렇지만 장부상으로는 판매가 되어 이익으로 되어 있지만 현금이 제때 들어오지 않으면 부도가 날 수 있다. 받을 돈을 제때 못 받고 줘야 할 돈을 제때 줘야 하기 때문에 생기는 현상이다.

주위에 사업하는 사람들이 늘 돈을 꾸기 위해 다니는 이유가 자신이 판매한 금액은 제때 안 들어오는데 직원 급여나 재료값에 대한 돈은 바로바로 지급해야 되기 때문이다. 이 시간차를 극복하지 못하면 장부상에는 흑자라 하더라도 부도가 난다. 그것을 흑자 도산이라 한다.

손익분기점

　'손익분기점(損益分岐點)'은 손해와 이익이 교차하는 지점의 매출을 말한다. 영어로 BEP(Break Even Point)라 한다. 기업에는 한꺼번에 여러 사업이 진행되고 있다. 이런 사업들을 시작할 때는 투자비가 들지만 언젠가부터 투입된 비용을 빼고도 남는 시점이 있다. 그때를 손익분기점이라 한다.

　치킨점을 오픈했다면 월 몇 마리를 팔아야 손익분기점에 이를 수 있을까? 손익분기점을 구하기 위해서는 두 가지 비용을 알아야 한다. 하나는 '고정비'이고 하나는 '변동비'이다. 고정비는 치킨 몇 마리를 팔든 변동하지 않는 비용이다. 가게를 운영하는 데 드는 임대료, 관리비, 종업원 인건비[1]와 같은 것이다. 변동비는 1마리를 팔 때마다 발생하는 비용이다. 닭 재료비, 배달비와 같은 것이다.

1　판매량이 증가하면 인건비도 추가되어야 하므로 변동비로 반영해야 한다.

만약 고정비가 300만 원이고 마리당 변동비가 2,000원, 판매가격은 5,000원이라면 몇 마리를 팔아야 손익분기점이 될까? 한 마리 팔면 3,000원 남으니 남는 이윤으로 고정비 300만 원을 만회하면 손익분기점이 된다. 그래서 300만원 ÷ 3,000원하면 1,000마리가 나온다. 이것을 공식으로 만들면 이렇게 된다(공식보다 이해를 하는 것이 중요하다).

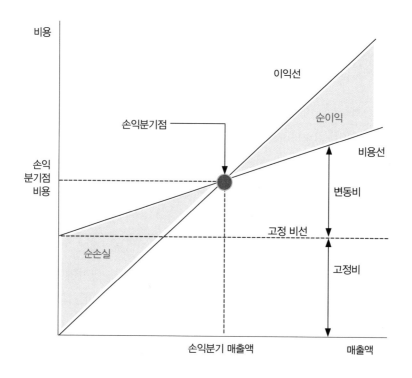

손익분기점 매출 = 고정비 ÷ (1 - 변동비 ÷ 매출액)

그러면 손익분기점을 위한 매출액은 500만 원이 나온다. 손익분기점

하룻밤 경영학

에 이르기 위해서는 단가 5,000원 치킨 1,000마리를 팔면 된다.

공헌이익

이때, 고정비를 고려하지 않고 변동비만을 적용하여 나오는 이익을 '공헌이익'이라 한다. 공헌은 기여하다는 의미로 이익에 얼마나 도움이 되었는가에서 나온 말이다. 위

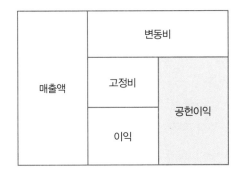

의 예에서 변동비 2,000원에 판매가 5,000원이므로 마리당 공헌이익은 3,000원이다.

경영전략상 기업은 공헌이익만 발생해도 시장에 진입하기도 한다. 가령 2,200원으로 판매가를 책정하더라도 200원의 공헌이익이 발생하기 때문에 고정비까지 감안하면 적자임에도 공격적인 시장 공략을 위해서 활용할 때도 있다.

주식 시장의 가치

주식 시장에는 하루에도 가격이 수없이 변동된다. 파는 사람과 사는 사람의 희망 가격에 의해서 가격이 오르내리는 것이다. 가끔 외부 환경, 유가 변동이나 전염병과 같은 요인에 의해서 갑자기 폭락하거나 급등하는 경우도 있지만 일반적으로 주식 가격은 그 기업의 가치에 의해 형성된다.

어떤 기업의 주식 가치는 어떻게 평가할까? 우리가 물건을 살 때 어떤 물건은 가치에 비해 비싸고 어떤 물건은 가치에 비해 싸다고 하면서 가성비 높은 물건이라고 한다. 주식 시장에 있는 주식도 마찬가지다.

하룻밤 경영학

어떤 주식은 기업 내용에 비해 낮게 평가되어 있는 주식도 있지만 어떤 주식은 기업 내용보다 과대평가되어 있는 주식도 있다. 주식이 과대평가 되는 경우는 여러 경우가 있지만 미래가치를 높게 평가받는 경우가 많다. 사람도 지금 당장 돈은 못 벌지만 장래성을 보고 높게 평가하는 경우가 있는 것처럼.

주식 시장에서 주식 가격의 적정성을 판단할 때 가장 많이 쓰이는 방법 2가지를 알아보자. 하나는 회사의 수익률과 주가를 비교해 보는 방법이고, 다른 하나는 회사의 재산과 주가수준을 비교해 보는 방법이다. PER은 기업이 1년 동안 번 돈을 주식수로 나누면 한 주당 번 돈이 나오는데 이것을 주가와 비교해 보는 것이고, PBR은 기업이 가진 자기 재산(순자산)을 주식수로 나누면 한 주당 재산이 나오는데 이것을 주가와 비교해 보는 방법이다.

PER(Price Earning Ratio)

먼저 PER를 살펴보자. 발음 그대로 '퍼'라고 한다. PER는 Price Earning Ratio로 주가수익비율이다. 주가가 '주당 순수익(EPS)' 대비 몇 배로 가격이 형성되어 있는가를 보는 지표다. PER를 알기 위해서는 먼저, EPS(Earning Per Share)를 알아야 하는데 EPS는 주식 한 주당 순이익을 말한다. 기업이 1년 동안 벌어들인 순이익을 주식 수로 나눈 금액이다. 한 주당 얼마나 벌었는지를 나타내는 지표다.

이 금액으로 현재 주가로 나누면 PER가 나온다. 현재 주당수익의 몇 배인지를 나타낸다. 이 숫자가 낮을수록 낮게 평가되어 있는 주식으로 본다. 예를 들어 보자. 2020년 3월 3일 현재 현대건설, GS건설, 대우건설 주가, EPS, PER를 보면 다음과 같다. 표에서 보듯 GS건설의 주가가 수익률에 비해 가장 저평가되어 있다는 것을 알 수 있다.

기업	주가	EPS	PER	저평가순위
현대건설	35,150	3,424	8.1배	3
GS건설	26,650	7713	3.9배	1
대우건설	4,065	4065	7.7배	2

PBR(Price to Book-value Ratio)

PBR은 주가순자산비율이라고 하는데 장부가치(Book-value) 대비 가격이다. '주당 순자산(BPS)' 대비 형성된 주가의 가치를 보는 것이다. PBR을 알기 위해서는 먼저 BPS(Book-value Per Share)인 주당 장부가치(순자산)가 얼만지를 구한다. 이를 주당 순자산이라 하는데, 순자산을 발행주식 총수로 나누어 구한다. 다른 말로 하면 한 주당 재산이 얼마나 되는지를 보는 지표다. 다음은 주식 가격을 주당순자산으로 나누어 주가순자산 비율을 구한다. PBR이 1이면 주가가 그 기업의 순자산가치와 일치하는 것이고, 1보다 크면 주가가 순자산가치보다 고평가된 상태이며, 1보다 작으면 주가가 순자산가치보다 저평가되어 있다는 뜻이다.

마찬가지로 위의 3기업 사례로 살펴보자. 표에서 보듯 3회사 모두 PBR은 1 이하로 장부가 대비 저평가되어 있는 것으로 나타나고 있다.

기업	주가	BPS	PBR	저평가순위
현대건설	35,150	59,778	0.59	1
GS건설	26,650	45,064	0.59	1
대우건설	4,065	5,554	0.73	2

복잡해 보이지만, PER는 한 주당 수익률과 현재 주가랑 비교해 보는 것이고, PBR은 한 주당 순자산(자기 재산)과 주가랑 비교해 보는 것이다.

M&A

M&A는 Merger & Acquisition으로 인수합병을 말한다. 영어 뜻 순서로는 합병인수다. 업무 절차상으로는 인수가 먼저고 다음이 합병이니 인수합병이 옳다. 사람으로 말하면 인수는 약혼이고 합병은 결혼인 셈이다.

앞서 기업의 여러 가지 성장 방법을 말하면서, 기업 내부 역량을 통해서 성장하는 방법도 있지만, 경영전략 차원에서 외부로부터 역량을 확보할 수 있다고 하였다.

외부로부터 역량을 확보하는 방법은 M&A와 전략적 제휴를 통한 방법이 있는데 여기서는 M&A 방법에 대해서 좀 더 구체적으로 알아보자.

"10조 원으로 10년을 아끼다"

2016년, 삼성이 세계 최고의 전장(자동차 전자장비)업체 하만을 약 9조 원에 인수할 때 매스컴에 나온 문구다. 몇 년 전부터 국제 최고의 전자제품 박람회 CES에 자동차가 전시되기 시작한 것에서 알 수 있듯

하룻밤 경영학

이 이제 자동차는 단순 기계장치가 아니라 전자기기가 되었다. LG는 4~5년간 충실히 스마트카 사업 분야에 경쟁력을 키워 온 반면 삼성은 LG에 뒤처진 상태로 있다가 세계 최고의 전장업체 하만을 인수하면서 단번에 자동차 전기장치 분야의 경쟁력을 확보하게 된 것이다. 물론, 다른 기업을 인수한다고 바로 그 기업의 경쟁력이 되는 것은 아니지만 기업들은 수시로 자사의 경쟁력 확보를 위해 M&A 전략을 구사하고 있다.

M&A를 하는 이유의 첫째는 기업을 키우려는 목적이다. 기업 규모가 커지면 위기에 쉽게 흔들리지 않고 규모의 경제로 원가를 낮출 수 있어 시장경쟁력이 생긴다. 둘째는 자사에 없는 핵심 역량을 확보하기 위해서다. 삼성이 하만을 인수했듯이 자사에 없는 신기술이나 노하우를 단숨에 확보할 수 있어 그만큼 시간을 벌고 경쟁력을 강화할 수 있다.

카카오와 다음이 합쳐서 카카오가 되고 외환은행과 하나은행이 합쳐서 하나은행이 된 것은 모두 규모를 키우는 목적의 M&A로 볼 수 있다. 구글이 유튜브를 인수하고 페이스북이 인스타그램을 인수한 것은 자사에 없는 노하우나 신기술을 확보하여 경쟁력을 키우기 위한 것이다.

양사가 합의하여 M&A를 하는 것을 '우호적 M&A'라 한다. 반면에 기업의 뜻과 무관하게 M&A가 되는 것을 '적대적 M&A'라고 한다. 주식이 분산되어 특별한 대주주가 없거나(대장이 없거나), 주가수익율(PER)이 낮아 저평가된 기업이거나(돈을 잘 벌거나), 정부 허가 사업을 가지고 있는(정부자격증을 갖고 있거나) 기업들이 적대적 M&A의 대상이 되기 쉽다.

적대적 M&A를 피하기 위한 방법도 다양하게 도입되고 있다. 기업 입장에서 원하지 않는 결혼을 하고 싶을 리 없다. 특히, 우리나라 기간산업인 KT&G나, 삼성전자, 한전과 같은 회사가 외국인의 의해 경영권을 빼앗기면 국부 유출의 문제가 생긴다. 이러한 문제를 해결하기 위해 적대적 M&A를 방어하기 위한 다양한 방법이 논의되고 있는데, 우리나라의 경우 주식 시장에서 다른 기업의 주식을 5%이상 매입할 때는 공시(공개적으로 알림)를 의무하고 하고 있다. 외국에서는 주주의결권 차등제도, 포이즌필, 황금주 제도 등의 기업의 방어권[1]을 도입하고 있지만 우리나라에서는 아직 검토 중에 있는 제도들이니 참고로만 알아 두자.

---

[1] 주주의결권 차등제도는 주주는 1표씩의 의결권을 갖는데 방어를 위해 특정 주주에게 더 많은 의결권을 주는 제도이고, 포이즌필은 기존 주주에게 시가보다 싸게 지분을 인수할 수 있는 권리를 부여하여 M&A 시도자가 인수하기 어렵게 만드는 제도이며, 황금주제도는 1주만으로도 주주총회에서 거부권을 행사할 수 있는 주식제도로 공기업 민영화로 외국자본으로부터 경영권을 보호하기 위해 검토하는 제도이다.

9부

마치기 전, 경영이란?

경영이 뭔가?

　경영이라 하면, 제일 먼저 떠오르는 게 '기업' 아닐까? 기업과 경영이란 단어를 합치면 제일 자연스럽다. 왜냐하면 경영은 돈벌이를 하는 조직에서 시작되었기 때문이다. 지금은 어떤가? 기업뿐 아니라 거의 모든 조직에서 경영이란 단어를 활용해도 어색하지 않다. 국가경영, 병원경영, 학교경영…. 심지어 영리를 목적으로 하지 않는 NGO(Non Government Organization), NPO(Non Profit Organization)에도 경영의 개념이 활용되고 있다.

　경영을 하는 사람을 '경영인'이라 하고 '경영학'은 경영을 공부하는 학문이다. 그럼, 경영이란 무엇인가? 경영에 대한 여러 학자들의 정의가 있지만 쿤츠라는 학자의 정의를 바탕으로 정리하면 다음과 같다.

　"경영은 조직의 목표를 달성하기 위해 자원을 계획, 조직, 지휘, 통제하는 일련의 활동 또는 관리 과정"

　경영이론에서 공부했던 파욜의 관리적 활동에서 제시된 계획, 조직, 명령, 조정, 통제 단계를 기억할 것이다. 쿤츠는 경영의 정의에서 계획, 조직, 지휘, 통제 4단계로 설명하고 있다. 이 정의에서 보듯, 경영은 조직이 달성하고자 하는 목표를 효율적이고 효과적으로 달성하기 위해 조직이 가지고 있는 자원을 관리하는 활동인데, 여기서 자원은 인적, 물적, 기술적(정보) 자원을 말한다. 달리 말하면, 조직을 구성하는 핵심 자원인 사람, 돈, 기술 자원을 어떻게 활용할지 계획을 세우고 조직화하여 지휘하고 통제하는 것을 경영이라 한다.

이러한 자원들은 제한된 자원이다. 공기처럼 무한으로 사용할 수 있는 자원이라면 이런 자원을 효율적으로 관리하는 경영이 필요 없을 것이다. 그래서 경영은 '조직 목적 달성을 위해 인적 · 물적 · 기술적 자원을 결합하고 조정하는 과정'으로 정의하기도 한다.

효율적이면서 효과적이야 하는 경영

경영은 효율만 추구해서는 안 되고 효과성을 함께 추구해야 하는데 두 단어의 차이점이 뭘까? 영어로는 Efficiency와 Effectiveness이다. 효율성은 투입 대비 산출량을 따진다. 적게 투입해서 많이 산출하면 효율성이 좋다고 한다. 기업이 효율성만 추구하다 보면 효과성을 저버릴 때가 있다.

효율성 Efficiency	효과성 Effectiveness
• 최소 투입 최대 산출 • 양적 성장 개념	• 올바른 목적 달성 여부 • 질적 성장 개념

효과성은 기업의 운영 목적이다. 효율성을 추구하다 직원이 지쳐 쓰러진다면 단기간 동안 최대의 성과를 낼 수 있는 있지만 효과적으로 성과를 냈다고 볼 수 없다. 또한, 근시안적으로 지금 당장 이익을 위해

오폐수 정화시설 없이 기업을 운영하면 효율적인 운영은 될 수 있지만 사회문제를 일으켜 기업 이미지에 손상을 주고 궁극적으로는 효과적인 경영을 하지 못하게 된다. 그래서 효율적이면서 효과적으로 경영해야 한다.

특히 공기업 경영에서 효율성과 효과성의 균형적인 운영이 중요하다. 공기업은 시민의 공적인 분야의 사업을 하는 기업들이다. 공기업이 효율성만을 추구한다고 가정하면, 시민에게 돌아가는 편익은 감소하여 실질적인 경영 목적 달성에 실패할 수도 있다. 한전이나 시설공단에서 수익률 높이기 위해 인력을 줄이고 전력요금이나 주차요금을 올리면, 기업 입장에서는 효율성을 높이게 되지만, 시민들의 입장에서 보면 서비스 품질이 저하되어 효과성을 달성할 수 없게 된다. 그렇다고 해서 공기업의 비효율성을 방치할 수는 없다. 그래서 효율성과 효과성의 균형적인 경영이 필요한 것이다.

경영의 목적을 생각해 보자

경영의 목적이 뭐냐고 하면 가장 쉽게 나올 수 있는 대답이 이익 극대화이다. 맞다. 이익을 내지 못하는 기업을 지속할 수 없다. 지속할 수 없을 뿐 아니라 기업에 소속되어 있는 직원들과 그 직원들에 딸려 있는 가족, 그리고 기업과 거래를 해온 공급업체와 하청업체들, 제품 생산 중단으로 인해 지역사회와 고객들까지 큰 피해를 주게 된다. 심지어 거대한 기업들은 국가의 위기를 초래할 정도로 큰 영향을 주기 때문에 기업은 이익 창출이 중요한 목적 중 하나가 되어야 한다.

그런데, 앞서 말했듯이 현대는 기업뿐 아니라 다양한 조직에 경영 개념이 도입되어 있다. 이익 창출이 본래의 목적이 아닌 조직의 경우에는 같은 수준의 목적 달성이라면 비용을 최대한 줄여서 달성해야 한다. 그래야 방만한 경영을 피할 수 있다. 공공 영역인 주민센터를 어떻게 운영하느냐에 따라 더 적은 인원으로(더 적은 비용으로) 주민이 더 만족할 수 있는 서비스를 제공할 수 있을 것이다. 최소의 자원으로 최대의 성과를 낼 수 있도록 운영하는 것도 경영 목적이라고 할 수 있겠다.

보다 궁극적인 목적을 생각해 보자. 앞에서 말한 이익 창출이나 효율적인 경영은 경영 목표에 가깝다. 목적에 이르는 과정이라는 의미다. 모든 조직의 경영 목적은 그 조직이 존재해야 하는 이유와 연결되어 있다. 어떤 기업이 존재하는 것은 그 기업이 제공하는 서비스나 제품을 소비하는 소비자가 그만한 가치가 있다고 여기기 때문이다. 소비자가 그만한 비용을 부담하고 그 가치와 교환하는 행위를 하는데, 이때 소비자는 그 서비스나 제품이 제공하는 가치에 지불하는 비용 이상으로 만족하기 때문이다. 소비자 입장에서는 그 비용은 낮고 가치는 높을수록 (가성비가 높을수록) 더 만족하게 되는데 이는 경영의 결과로 그렇게 되는 것이다.

다시 말하면 경영을 잘하면 소비자에게 더 큰 만족을 주게 되고 만족한 소비자는 그 기업의 제품이나 서비스를 계속 이용할 것이므로 그 기업은 영속할 수 있는 것이다. 따라서 고객 만족이 경영의 목적이 되어야 한다. 이때 말하는 고객은 내부고객을 포함한다. 내부고객은 그 조직에 속해 있는 구성원들을 말하는데, 내부고객이 먼저 만족하면 만족한 내부고객이 외부고객을 만족시키게 되어 결과적으로 조직의 수익이 높아질 것이다. 그리고 그 결과로 다시 내부고객의 보상 수준도 높아지므로 내·외부 고객 만족은 연결되어 있다. 따라서 '내·외부 고객 만족'이 경영의 목적이 되어야 한다.

하룻밤 경영학

경영학에서 다루는 분야

지금까지 공부하면서 다루었던 경영학 분야를 정리해 보자. 경영을 하는 모든 조직은 일차적으로 사람과 돈을 다룬다. 사람을 다루는 일은 인사조직 분야이고, 돈을 다루는 일은 재무회계 분야다. 사람과 돈으로 고객에게 필요한 제품과 서비스를 만드는 일을 관리하는 분야가 생산관리 분야다. 생산된 제품과 서비스의 가치를 고객에게 잘 전달하여 매출을 일으키는 것을 고민하는 분야가 영업과 마케팅 분야다. 그리고 이 책에서는 다루지 않았지만, 정보화의 진전으로 전 세계가 하나의 시장이 되면서 기업의 국제화를 다루는 국제경영 분야가 있다. 그리고 사람의 머리 부분에 해당하는 경영전략 분야가 있다.

그리고 기업의 인프라에 해당하는 연구개발 분야와 기업정보를 다루는 MIS(경영정보시스템, Management Information System) 분야가 있다.

앞서 살펴보았듯이, 경영학이 학문으로 자리 잡은 시기는 얼마 되지 않는다. 경영학은 미국을 중심으로 발전했는데, 산업의 발달과 함께 대량생산이 가능한 대규모의 기업이 생기면서부터 기업경영에 대한 이론이 정립되기 시작하여 비교적 최근에서야 학문으로 자리 잡았다.

초창기의 경영은 최소 자원을 투입하여 최대 효과를 내기 위한 자원관리 방법을 연구하는 데에서 시작했지만, 그 바탕에는 사람이 있다. 경영은 사람의 마음을 움직여야 하는 일이므로 숫자의 투입과 산출만으로 설명할 수 있는 일이 아니다. 이런 이유로 경영이 실용학문의 영역으로 자리 잡을 수 있었다.

경영학과 관련되는 학문을 보면 가장 먼저 명칭뿐 아니라 내용도 헷갈리는 경제학이 있다. 경제를 알아야 기업의 장기적인 전략을 수립할 수 있을 것이다. 다음은 심리학을 들 수 있다. 사람을 다루는 측면에서는 경영학의 리더십과 소비자의 심리분석과 연계되는 마케팅, 구성원의 동기 부여와 같은 핵심적인 분야가 심리학과 연계되어 있다. 또한 통계학도 경영학에 유용하다. 통계학은 점점 많아지는 데이터를 통해서 의사결정을 내려야 하는 데 필수적인 도구로서 활용된다. 그리고 인간과 집단의 상호작용을 연구하기 위해 사회학과 인간생태학 등이 도입되어 발전한 학문이다.

경영학의 아버지

모든 학문에는 아버지가 있다. 음악의 아버지는 바하이고, 의학의 아버지는 히포크라테스로 배웠다. 그러면 경영학에도 아버지와 같은 역할을 한 사람이 있지 않을까?

현대 경영학의 아버지로 불리는 사람이 있다. 바로 피터 드러커(Peter Drucker, 1909~2005)다. 경영학은 현대에 와서 발달한 학문이니 실질적으로 아버지로 불릴 만한 인물이다. 어쩌면 피터 드러커 덕분에 경영이 학문의 반열에 올랐을지도 모를 정도로 경영학의 설립자라고 할 만한 사람이다. 경영학을 공부하고 한 사람만 기억해야 한다면 피터 드러커라고 할 정도다.

그는 하버드대학에서 4번이나 불렀으나 거절한 것으로도 유명하다. 그 이유는 하

피터 드러커

버드에서는 월 3일 이상 외부 컨설팅을 못하기 때문이다. 그가 책상에 앉아서 여러 경영이론을 설파했더라면 그의 이론에 힘이 없었을 것이다. 드러커의 메시지는 경영 현장에 열정적으로 참여하면서 나온 현장의 목소리였기 때문에 더 설득력이 있다. 지금은 그 명성이 줄었지만 한때 세계 최고의 제조기업이었던 자동차 1위 기업인 GM을 컨설팅했을 뿐 아니라 미국 정부의 원조계획인 마샬플랜의 고문으로도 활약했다.

민영화, 지식노동자, 목표관리, 수평조직, 분권화, 학습조직과 같은 용어들은 기업에서 경영을 하다 보면 한 번씩 접하게 되는 용어들인데 모두 드러커에 의해 만들어진 개념들이다. 마케팅에 대한 그의 정의가 유명하다. 마케팅의 목적은 "소비자들의 충족되지 못한 욕구를 발견하여, 그것을 충족시킬 방법을 마련하여 궁극적으로 판매를 불필요하게 하는 것"이라고 했다. 또한, "경영은 사람에 관한 것이다. 기업의 목적은 이익 극대화가 아닌 고객 만족"이라고 한 것처럼 사람, 고객에 대한 가치를 전파하며 수많은 경영인과 학자들에게 영감을 준 사람이다.

하룻밤 경영학

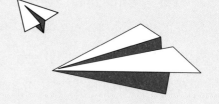

맺는 말

모든 책이 그렇듯이 마무리할 때면 부족한 부분이 자꾸 눈에 띈다. 『하룻밤 경영학』도 그렇다.

시작을 쉽고, 편하고, 재미있게 그리고 하룻밤에 읽을 수 있는 책을 만들자는 취지였지만 쓰면서 애초의 결심에서 자꾸 벗어나 있는 자신을 발견한다. 어렵고 불편하고 재미없는 책이 될 뿐 아니라 분량도 자꾸 는다. 경영학 주제의 대부분을 다루려다 보니 몇 번씩 본래의 목표를 잃어버리지 않는 노력이 필요했다. 쉽고, 편하고, 재미있게 그리고 하룻밤에….

도입 부분에서 언급했듯이 하룻밤에 읽는 것은 가능할 것 같다. 그림이 많기는 하지만 300페이지가 넘는 이론서를 하룻밤, 사람에 따라서는 네댓 시간에 읽었다는 것은 쉽고 재미있었기 때문이 아니었을까 위안하고 싶다. 이 책을 읽은 독자들 중에 어렵고 재미없고 지루하였다는 분이 있을지도 모른다. 그런 분들에게는 죄송하다는 말씀을 드리고, 단시간에 경영학 이론을 접한 사실에 의미를 두면 좋겠다고 말씀드리고 싶다.

어떤 부분은 이해가 쉽지 않았을 것이다. 나름대로는 최선을 다했으나 필자도 방대한 경영학 이론을 모두 이해하지도 못할 뿐 아니라 단

4시간 만에 모든 이론을 익힐 수 있을 정도로 경영학이 만만한 학문도 아니어서 그랬을 것이다. 단지 경영학에 입문한 것을 위안으로 삼았으면 좋겠다.

적어도 이제부터는 실생활에 마주하는 경영학 용어들은 생소하게 느껴지지는 않을 것이다. 그리고 어떤 부분에서는 제법 아는 척할 수 있을지도 모른다. 그리고 서서히 경영 관련 뉴스들이 내 손안에 잡힌다는 느낌이 올 것이라 믿는다. 게다가 이제 경영학 각론에 해당하는 각종 이론서에 손이 갈 수도 있을 것이다.

분명한 것은 여러분들이 직장에서 전문적 경영 지식이 필요한 특정 부서, 예를 들어 회계부서나 브랜드 관리부서와 같은 곳에서 근무할 것이 아니라면 조직 생활을 하는 데는 전혀 문제없을 뿐 아니라 제법 경영학 이론 체계를 갖춘 사람으로 근무할 수 있을 것이라는 확신을 드린다. 독자분의 경영학 입문을 축하드리며….